Estudiando español

Línea uno

Cuaderno de actividades
von

Karin Oechslein
Ursula Vences

Ernst Klett Verlag
Stuttgart Düsseldorf Leipzig

¡Hola, aquí estoy otra vez!

Du kennst mich ja schon aus dem Schülerbuch. Auch durch das *Cuaderno de actividades* werde ich dich begleiten.

Cuaderno de actividades heißt dieses Heft, weil es dich zu vielen unterschiedlichen sprachlichen Aktivitäten anregen soll. Damit kannst du das im Unterricht Gelernte weiter **üben und vertiefen**.

Die Zeichen am Rand zeigen dir auf den ersten Blick, um welche Art der Übung es sich handelt, und was dabei von dir erwartet wird:

Übungen mit diesen Zeichen machst du am besten zusammen mit einer **Partnerin** oder einem **Partner**.

Hier arbeitet ihr zusammen in einer **Gruppe**.

Bei so gekennzeichneten Übungen kannst du etwas **über dich**, deine Freundinnen und Freunde, deine Familie, deine Stadt usw. erzählen oder deine Meinung sagen.

In Übungen mit diesem Zeichen darfst du dir wieder **selbst etwas einfallen lassen** – natürlich auf Spanisch.

Mit diesen Übungen gehst du auf **Entdeckungsreise** durch die spanische Sprache: Sie helfen dir, Gesetzmäßigkeiten zu erkennen und eigene Regeln zu formulieren. Diese kannst du im Grammatischen Beiheft kontrollieren.

Die Lösung dieser Übungen schreibst du in dein **Heft**.

G § (+ Zahl) nennt den Paragraphen im **Grammatischen Beiheft** (Klettnummer 535605), unter dem die gerade geübte Struktur erklärt wird.

Ideas y sugerencias

In Kästchen mit diesem Zeichen findest du viele nützliche **Tipps und Tricks** rund ums Spanischlernen. Zu manchen Themen (z. B. zum Wortschatzlernen) gibt es gleich mehrere Tipps, denn es gibt unterschiedliche Lerntypen. Probier also aus, mit welcher Methode du am besten lernen kannst, und arbeite dann damit weiter. Auf Seite 97 sind die Lerntipps dieses Hefts thematisch geordnet noch einmal aufgelistet.

Wenn das gleiche Zeichen (nur kleiner) am Rand auftaucht, heißt das, dass diese Übung besonders dafür geeignet ist, diese Tipps oder auch die **Lerntechniken** des Schülerbuchs einzuüben.

Manche der Übungen (besonders häufig die mit dem Stern gekennzeichneten) enthalten ziemlich viele **unbekannte Wörter**. Aber keine Angst! Vieles wirst du mit Hilfe der verschiedenen Lerntipps verstehen; und meist ist es auch gar nicht nötig, jedes einzelne Wort zu kennen, um die Übung bearbeiten zu können.

Für alle Fälle gibt es am Ende des Heftes (ab Seite 94), ähnlich wie im Schülerbuch, ein kleines **Diccionario**. Es enthält alle Wörter aus den Übungen, die über den Lernwortschatz des Schülerbuches hinausgehen. Dort kannst du also deine Ergebnisse kontrollieren und ggf. nachschlagen, wenn du nicht sicher bist.

Weiter viel Erfolg beim Spanischlernen!

aquí estoy otra vez da bin ich wieder

Vacaciones en España

1 Crucigrama (G § 1)

a) Schreibe in die Kästchen die Wörter, die zu den Abbildungen gehören. Den Lösungsspruch findest du, wenn du die Buchstaben aus den nummerierten Kästchen in der richtigen Reihenfolge unten auf den Linien einträgst.

E S P A Ñ A E S F E N O M E N A L.

b) Verwende erneut die Wörter aus dem Kreuzworträtsel. Setze den bestimmten und unbestimmten Artikel entsprechend dem Beispiel.

Ⓐ *un mar* : *el mar* Mediterráneo
Ⓑ un museo : el museo Picasso
Ⓒ un hotel : el hotel «Buena Vista» en Málaga
Ⓓ una fiesla : la fiesta de San Fermín
Ⓔ un restauvante : el restauvante «La Paella»
Ⓕ una guitarra : la guitarra de Maribel
Ⓖ una película : la película «Two much» de Fernando Trueba
Ⓗ una paella : la paella valenciana
Ⓘ una iglesia : la iglesia de la Sagrada Familia
Ⓙ una playa : la playa de Málaga
Ⓚ un cine : el cine «Rex» en Madrid

2 Un artículo *(Ein Artikel)*

Die folgenden Wörter hast du noch nicht gelernt. Trotzdem weißt du, mit welchem Artikel sie stehen müssen. Setze jeweils den unbestimmten Artikel und notiere, warum du den männlichen oder weiblichen Artikel eingesetzt hast.

1. una familia 2. un teléfono 3. un aparato 4. una música

5. una discoteca 6. un banco 7. una persona 8. un piloto

Un steht bei Wörtern, die auf -o enden (männl.)

una bei Wörtern, die auf -a enden (weibl.)

Ideas y sugerencias

Nicht bei allen Substantiven siehst du an der Endung, welches Geschlecht sie haben. Dies ist z. B. bei den meisten Substantive der Fall, die auf einen Konsonanten enden. Lerne deshalb Substantive immer zusammen mit ihrem Artikel – oder noch besser im Zusammenhang eines Satzes oder Teilsatzes.

3 Los cines de Barcelona *(SchB S. 108–109)*

Ordne die folgenden Wörter und Ausdrücke dem richtigen Laut zu.

a) [θ] oder [k] ?

~~Barcelona~~ ~~cine~~ ~~Carmen~~ abrazo película costa excursión Valencia vacaciones

b) [r] oder [rr] ?

~~frontera~~ guitarra Ramona río restaurante correcto por fin la Sagrada Familia ~~Trueba~~

[θ]	[k]	[r]	[rr]
cine	Carmen	frontera	guitarra
abrazo	película	la Sagrada Fam.	correcto
Barcelona	costa	Trueba	Ramona
vacaciones	excursión		río
Valencia	bacaciones	por fin	restaurante

4 Ciudades españolas *(Spanische Städte)*

Vervollständige die folgenden Namen spanischer Städte, in denen einige Buchstaben fehlen. Sieh auf der Karte im Einband des Schülerbuches nach, wo sie liegen. Wenn du die Buchstaben in den grau unterlegten Kästchen der Reihe nach in die Lösungszeile unten einträgst, erhältst du eine Information über Spanien.

M ÁL A G A GR A N A D A Z A MO R A B I L B AO

OV I E D O S E VIL L A S AN T A ND E R Á V I L A

Z A R A G OZ A T O L E R O V A L E N C I A G __ RO __ A

S ALA M AN C A P AMP L O N A L A CO R U N A.

M A D R I D E S L A CAPITAL D E E S P A Ñ A.

Was bedeutet wohl das Wort «capital» auf Deutsch? HPTST.

5 Belrima y Nandofer

Bilde aus den folgenden Silben die Vornamen der unten angegebenen bekannten Persönlichkeiten aus Spanien und Lateinamerika. Die gekennzeichneten Buchstaben, von oben nach unten gelesen, ergeben den Vornamen des erfolgreichen spanischen Tennisspielers Costa.

AN BEL BER BRI BLO GO I RI NIO TA TO CAR GA E LA PA SA LOS

1. Juan □ ___ ___ ___ ___ ___ I (Primero)
2. ___ □ ___ ___ ___ ___ ___ ___ Sabatini
3. ___ ___ ___ ___ ___ ___ □ ___ ___ Menchú
4. ___ ___ ___ □ ___ Picasso
5. ___ ___ ___ □ ___ ___ ___ Banderas
6. ___ □ ___ ___ ___ ___ Allende

Solución: □ □ □ □ □ □

Wie lauten die beiden Namen in der Überschrift?

---

6 Posters de España

Du hast sicher schon viel über Spanien gehört oder auch davon gesehen. Suche zu Hause nach Postkarten, Fotos, usw. oder gehe in ein Reisebüro und frage nach Prospekten über Spanien. Du kannst auch Fotos von berühmten Spanierinnen und Spaniern (z. B. von Plattencovern oder aus der Werbung) dazunehmen.

Bildet dann Kleingruppen und klebt ein Poster, auf dem ihr möglichst viele verschiedene Aspekte von Spanien zeigt.

Jede Gruppe hängt ihr Poster im Klassenzimmer auf und erklärt der übrigen Klasse, was sie aufgeklebt hat. Versucht so viel wie möglich davon auf Spanisch zu sagen.

UNIDAD 1 A

1 ¿Quién es? (G §§ 7, 8)

Completa las preguntas y da las respuestas. (Vervollständige die Fragen und gib die Antworten.)

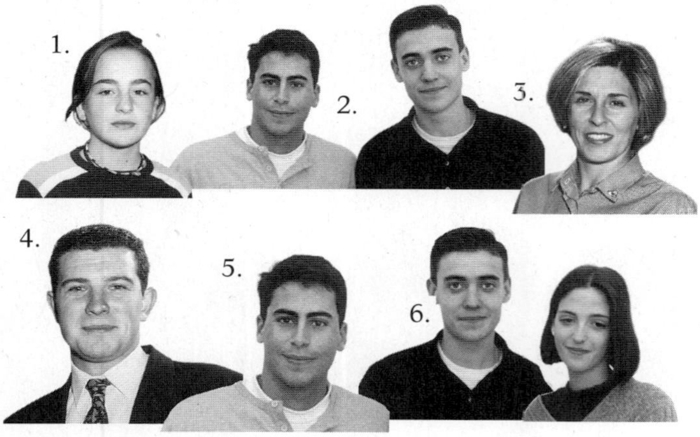

1. –¿Quién es? ¿ Pilar? ______
   –No, no es Pilar, es ______
2. –¿Quiénes ______ ? ¿ Jesús y Chema?
   –Sí, ______
3. –¿Quién ______ ? ¿ Barbara?
   – ______
   ______
4. –¿ ______ profesor de inglés?
   – ______
5. –¿ ______ Chema?
   – ______
6. –¿ ______ Chema y Pilar?
   – ______
   ______

2 Preguntas (Fragen)

Barbara trifft Fede, der auch in ihre Klasse geht. Es gibt vieles, was sie über ihre neue Schule noch nicht weiß …

*a) Completa las preguntas con el pronombre interrogativo adecuado.
(Vervollständige die Fragen mit dem passenden Fragewort.)*

¿quién? ¿quiénes? ¿de dónde? ¿cómo?

1. Yo me llamo Barbara. Y tú, ¿ ______ te llamas?
2. Soy de Hamburgo. Y vosotros, ¿ ______ sois?
3. Los chicos cerca del instituto, ¿ ______ son?
4. ¿ ______ es el instituto?
5. Allí llega un señor. ¿ ______ es?

b) Arbeitet in Paaren. Denkt euch Antworten aus, die Fede Barbara gibt und spielt den Dialog eurer Klasse vor. Wenn ihr eine gute Idee habt, könnt ihr auch eine Fortsetzung schreiben.

3 Soy, eres, es (G § 5)

a) Suche im Text 1A des Schülerbuchs alle Formen des Verbs ser *heraus und trage sie in das Raster ein.*

(yo)	(tú)	(él/ella)	(nosotros, -as)	(vosotros, -as)	(ellos/ellas)

necesitar brauchen

b) Forma frases con el verbo ser. *(Bilde Sätze mit dem Verb* ser.*)*

Mi madre es profesora. ______ Soy ______

4 *Una entrevista en el Fray Luis* (Ein Interview...) (G § 5)

Schreibe die passenden Personalpronomen in die Lücken. Überlege jeweils, weshalb sie stehen müssen.

Gracias danke

5 *El mundo al revés* (Verkehrte Welt) (G §§ 3, 4)

Bring die Buchstaben in die richtige Reihenfolge, so dass sie ein spanisches Wort ergeben. Bilde von diesem Wort den Plural und setze ihn in den unten stehenden Text ein. Setze auch jeweils den bestimmten Artikel dazu. Vergleicht eure Texte: Welcher ist am witzigsten?

darem – fororesp – lalec – lecalípu – neci – ninogerie – pomacñore – ritargau – taranetseru – tehol – tisotutin

___ son ___. ___ llegan a

___. ___ trabajan en ___.

___ buscan ___. ___

estudian en ___. ___ hablan alemán.

Ideas y sugerencias

Nimm Karteikarten oder Papier in geeigneter Größe und schreibe auf die eine Seite das spanische Wort – möglichst in einem kurzen, sinnvollen Kontext –, auf die andere Seite die deutsche Bedeutung. Arbeite zum Lernen oder Wiederholen jeweils nur mit wenigen Karten (ca. 10–15).

Teste für jede Karte, ob du zu dem spanischen Wort die deutsche Bedeutung kennst und umgekehrt. Lege die Wörter, die du wusstest und diejenigen, bei denen du Fehler gemacht hast, getrennt ab. Wiederhole die Wörter mehrmals in immer größeren Zeitabständen. Karten, die du jedes Mal fehlerfrei bearbeitet hast, legst du gesondert ab. Vergiss aber nicht, sie ab und zu wieder hervorzuholen.

6 Estudiamos los verbos *(G § 6)*

a) Ordne die folgenden Sätze in das Raster ein.

Hablan muy bien español. Busca el hotel. Trabajo en Hamburgo. Estudias alemán. ¿Llegáis de Hamburgo ahora? Trabajamos mucho.

Singular	Plural
1. ____________	1. ____________
2. ____________	2. ____________
3. ____________	3. ____________

b) Erkläre, warum du die Sätze richtig zuordnen konntest, obwohl sie kein Subjekt enthalten.

____

____

7 Salto de caballo *(Rösselsprung)*

In diesem Kasten versteckt sich ein spanischer Satz. Du findest ihn, indem du in den Kästchen wie ein Springer beim Schachspiel springst, d. h. zwei Kästchen in eine Richtung und eines im rechten Winkel dazu, oder eines in eine Richtung und zwei im rechten Winkel dazu. Es ist auch erlaubt, von rechts nach links und von unten nach oben zu springen. (Der Lösungssatz besteht aus 8 Wörtern.)

los	ríos	así	mucho	del	compañeras	Pilar	sí
cerca	en	profesor	y	la	mi	foto	estudia
con	compañeros	trabajan	pero	busco	no	de	llegan
el	hola	habla	madre	Barbara	son	mucho	cómo
bien	una	instituto	hotel	Chema	el	ahora	adiós

Los ______________________________

8 Barbara y Marcos *(G § 6)*

Am zweiten Schultag wird Barbara auf dem Schulweg von einem Jungen angesprochen.

a) Vervollständige die Sätze mit einem passenden Verb in der richtigen Form. Einige Verben kommen mehrmals vor.

buscar, entrar, estudiar, hablar, llegar, trabajar, me llamo, te llamas

Marcos: Hola, ____________ el Instituto Fray Luis de León.

Barbara: ¿____________ allí? Yo también. ¿Cómo ____________?

Marcos: ____________ Marcos. ¿Y tú?

Barbara: Yo Barbara.

Marcos: ¿Eres española? Barbara no es un nombre muy español.

Barbara: Sí y no. Mi padre es alemán…

Marcos: ¿Alemán? Mi padre ________________ en Alemania y ________________ alemán muy bien.

Barbara: ¿Y tú?

Marcos: Yo ________________, pero no ________________ bien. ¿________________ alemán en casa?

Barbara: ¡Claro! No eres de aquí, ¿verdad? No ________________ como en Salamanca.

Marcos: No, ________________ como en Andalucía. Mi madre es de Sevilla, pero ahora ________________ aquí.

Barbara: Allí ________________ Chema y Pilar. ¿________________?

un nombre Name – **en casa** zuhause
¡claro! klar – **Andalucía** *f* Andalusien

b) Mach aus dem Text einen Bericht. (Die Reihenfolge der Informationen muss nicht die gleiche sein wie im vorausgehenden Text; wichtiger ist, dass die Abfolge sinnvoll und logisch ist.)

____

____

____

____

____

____

____

9 ¿Cómo suena? *(Wie klingt es?) (SchB S. 108–109)*

Arbeitet in Paaren. Knickt die folgende Übung an der Mittellinie oder deckt eine Spalte ab. Wer einen (Teil-) Satz in seinem Kästchen stehen hat, liest diesen der Partnerin oder dem Partner vor, und diese/r schreibt ihn in das freie Kästchen. Am Ende deckt ihr die jeweils andere Spalte auf auf und vergleicht sie mit eurer Lösung.

a)

un alemán en España	
	Los españoles buscan un restaurante.
Las compañeras llegan al instituto.	
	Nosotros no somos españoles.

b)

una calle de Valencia	
	allí en la playa
Me llamo Luisa.	
	el final de la calle

10 De hombres y mujeres (Von Männern und Frauen)

a) Escribe las formas femeninas de las palabras. (Schreibe die femininen Formen der Wörter auf.)

un profesor	______	un chico	______
un amigo	______	un alemán	______
un compañero	______	un ingeniero	______

b) Sicher verstehst du auch die folgenden Wörter, obwohl du sie noch nicht gelernt hast. Bilde auch von ihnen die feminine Form.

un señor	______	un torero	______
un secretario	______	un ministro	______
un trabajador	______	un director	______

11 En la playa

Du verbringst die Ferien mit deinen Eltern an der Costa del Sol und hast dort María kennengelernt. Du stellst sie deinem deutschen Freund Dennis vor. Da Dennis kein Spanisch spricht, musst du für ihn übersetzen.

Dennis	tú	María
	¡Hola, María! Mira, mi amigo Dennis. →	¡Hola, Dennis! Soy María.
Hallo, María. Frag sie bitte, woher sie kommt.	← ______	
	______ →	Soy de Granada. Y tú, ¿eres alemán?
	______ ←	
Sag ihr, dass ich aus Sachsen, aus Leipzig komme.	← ______	
	______ →	¿De Sachsen? Ah, de Sajonia. En español no es Sachsen, es Sajonia. ¿Qué tal las vacaciones?
	______ ←	
	______	
Sehr gut! Das Hotel, der Strand, das Meer… Aber leider sind die Ferien schon zu Ende.	← ______	
	______ →	
	______	
	______ →	Allí llega mi padre. Adiós.
	______ ←	
Adiós.	← ______	
	Adiós.	

UNIDAD 1B

1 Postales del mundo hispano *(Postkarten aus der spanischsprachigen Welt) (G § 10)*

Ordne die Aussagen den Postkarten zu. Achte auf die Formen der Adjektive.

Son preciosas.

Es rara.

Mira, la universidad de Ciudad de México.

____

¡Ohh, el polideportivo del Real Madrid!

____

Aquí: las iglesias de Cataluña.

____

Son antiguas.

Es fenomenal.

Es conocido.

Y aquí: las fiestas de España.

____

¡Los museos de Madrid!

____

Mira, una casa de Gaudí.

____

Y el café Gijón en Madrid.

____

Es interesante.

Son importantes.

2 ¿Cómo es? ¿Cómo son? *(G § 10)*

Frage nach, wie die genannten Gegenstände oder Personen sind. Bilde Antworten und verwende dazu passende Adjektive.

1. los chicos del instituto *¿Cómo son los chicos del instituto? Son* ______________ .
2. las casas de Salamanca ______________________
3. el museo Picasso ______________________
4. la playa de Valencia ______________________
5. los cafés de Madrid ______________________
6. la escritora Soledad Puértolas ______________________
7. el río Amazonas ______________________

3 Información sobre España *(Informationen über Spanien)* *(G §10)*

Vervollständige den Text über Spanien. Die am Rand angegebenen Begriffe sagen dir, worum es geht.

España es un país muy interesante:

1. Madrid y Barcelona ______________________________ en España.	große Städte
2. Allí hay ________________________, ______________________ ____	alte Sehenswürdigkeiten, interessante Kathedralen + Museen
3. Pero __________ también ______________________________ ____	schöne Kinos, große Diskotheken, kleine Cafés
4. En ________________________ de ____________________ siempre hay ________________________	Strände, Spanien, Deutsche
5. Camilo José Cela y Jorge Semprún ______________________ muy ______________________ en España.	bekannte Schriftsteller
6. En ____________________ hay libros de los dos.	Bibliotheken

un país Land – **un libro** Buch

4 Acentos *(Betonungen)* *(SchB S. 110)*

Setze auf die folgenden Wörter, wenn nötig, einen Akzent. Die fettgedruckten Buchstaben zeigen dir, welche Silbe des Wortes betont wird.

calle cafe toro hotel universi**dad** **asi** espec**ta**culo

intere**san**te **sim**bolo excur**sion** **fi**sica an**ti**guo **Plaza Mayor**

ale**ma**na a**dios** **ri**o **tu** Ale**ma**nia **alli** hamburgue**se**ria

in**gles** tam**bien** ¿termin**ais**? fi**nal** excur**sio**nes Santan**der**

5 La casa del perro de la madre de Chema *(G § 9)*

a) *Verbinde die folgenden Wörter jeweils zu einer Wortkette. Wie viele verschiedene (plausible) Möglichkeiten findest du für jede Gruppe?*

Ejemplo: ¿Qué es? Es la casa del perro de la madre de los amigos de Chema.
oder: Es el perro de la casa de los amigos de la madre de Chema.

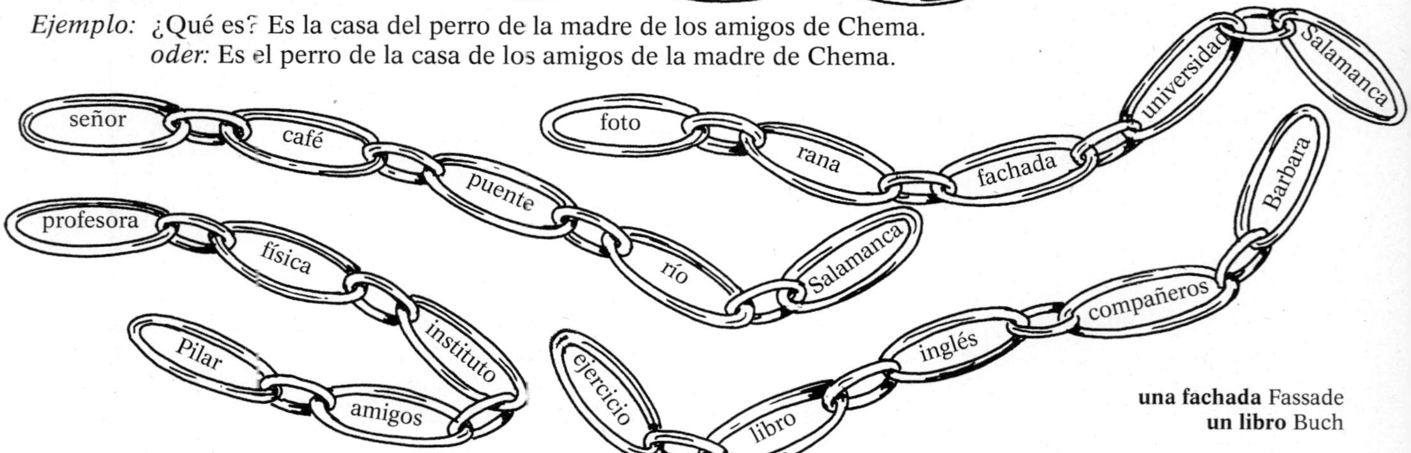

una fachada Fassade
un libro Buch

b) *Denk dir andere Wortketten aus. Wer bildet die längste?*

6 ¿Una catedral? ¡La catedral de Salamanca! (G § 9)

Arbeitet zu dritt. Deckt jeweils 2 Spalten ab oder knickt die Seite um (jede/r darf nur eine Spalte sehen). Bildet Mini-Dialoge wie im Beispiel. Wer eine Zeichnung im grau unterlegten Feld hat, beginnt. Zweite/r ist, wer eine Zeichnung auf weißem Hintergrund hat. Die Person mit Text kontrolliert, ob die Sätze richtig waren.

		A: Aquí hay una catedral. B: Es la catedral de Salamanca.
Ejemplo: Aquí hay una catedral. Es la catedral de Salamanca.		

		A: Aquí hay un perro. B: Es el perro de Chema.
A: Aquí hay un camarero. B: Es un camarero del café Novelty en Salamanca.		
	A: Aquí hay un zumo. B: Es un zumo de naranja.	
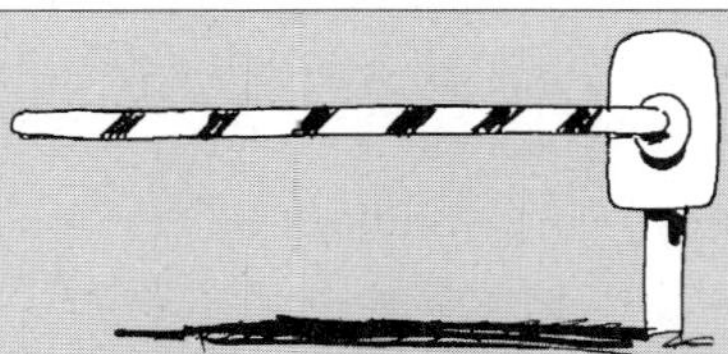	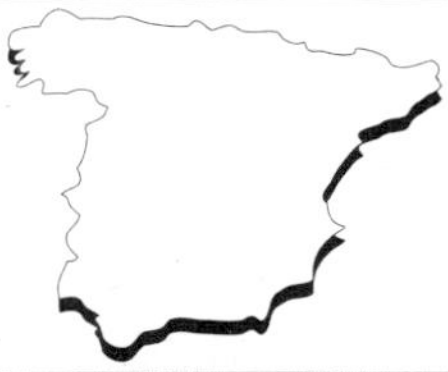	A: Aquí hay una frontera. B: Es la frontera de España.
A: Aquí hay una película. B: Es una película de Pedro Almodóvar.		
	A: Aquí hay una profesora. B: Es una/la profesora de inglés.	

Ideas y sugerencias

Eine Möglichkeit Wortschatz besser zu behalten, ist ihn zu strukturieren, z. B. in einem Vokabelnetz. Notiere dazu alle dir bekannten Wörter, die mit einem Thema zu tun haben. Schreib dieses Thema in die Mitte eines Blattes und hebe es hervor. Ordne nun die Wörter einzelnen Unterthemen zu, so wie es dir logisch erscheint (siehe dazu das Beispiel auf der nächsten Seite). Hol deine Vokabelnetze gelegentlich hervor: An wie viele Wörter kannst du dich erinnern? Ergänze die Netze regelmäßig. Wichtig: Für ein Vokabelnetz gibt es nicht **eine richtige** Lösung, sondern nur **die für dich richtige** Lösung!

7 Una red de vocabulario (Ein Vokabelnetz)

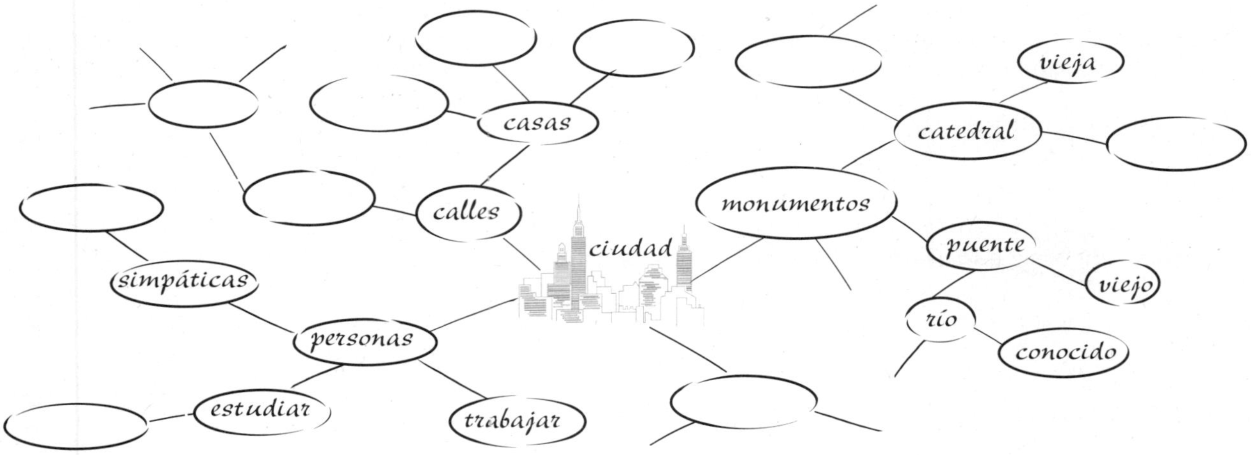

a) Suche weitere passende Vokabeln und trage sie in das Netz ein. (Du kannst selbstverständlich weitere Kreise anfügen – oder das Netz nach deinen Vorstellungen neu zeichnen.)

b) Bilde ein Vokabelnetz zu einem der folgenden Themen: el instituto, las vacaciones.

8 La concha del chico (SchB S. 108–109)

ch g gu j

a) Pon las letras que faltan. (Setze die fehlenden Buchstaben ein.)

la naran□a de □ema – el in□eniero traba□a mu□o – la excursión a □ibraltar – la con□a es el símbolo de Santia□o – el □ico es □uan – una hambur□esería vie□a cerca de la catedral – una no□e en □ranada – la Sa□rada Familia es una i□lesia – □esús busca la □itarra

b) Spiele mit den Wörtern! Erfinde Wortverbindungen oder kurze Sätze mit ähnlich klingenden Wörtern (vgl. den Titel der Übung). Verwende dazu Wörter, die die Laute /tʃ/, /θ/, /g/, /ɣ/ oder /k/ enthalten.

_______________________ _______________________

_______________________ _______________________

_______________________ _______________________

9 Fotos de Alemania

Barbara zeigt Jesús Fotos aus Deutschland. Setze, wo nötig, den bestimmten oder unbestimmten Artikel.

Mira, _______ foto de Hamburgo. Hamburgo es _______ ciudad muy grande en _______ Alemania, cerca de _______ mar, con _______ río y _______ puente. Y aquí _______ foto de _______ Carina. Es _______ amiga. _______ señora cerca de _______ Carina es _______ madre de _______ Uwe. Él es _______ amigo de _______ Carina. _______ madre es _______ profesora.

Aquí, _______ foto de _______ instituto. Hay _______ estatua, es _______ estatua de Friedrich Schiller, _______ escritor muy conocido en Alemania. Schillergymnasium es también _______ nombre de _______ instituto de Sebastian. Aquí hay _______ perro muy raro: _______ mascota de _______ clase.

¡Ah, las fotos de _______ excursión con _______ clase! Esto es _______ catedral muy antigua, _______ catedral de Colonia. Y aquí _______ casa muy conocida, _______ casa de Goethe en Frankfurt. En Alemania hay también _______ ciudades bonitas, ¿no? ¿Visitamos Alemania, tú y yo?

una señora Frau – **Colonia** Köln

10 Un calendario (Ein Kalender)

Sucht (in Gruppen) 12 Bilder von Sehenswürdigkeiten aus Spanien oder Lateinamerika aus (sicher habt ihr noch welche aus der Übung 6 im vorausgehenden Kapitel übrig) und klebt jedes auf ein festes Blatt Papier. Schreibt jeweils auf Spanisch eine Erklärung dazu, was auf dem Bild zu sehen ist. Lasst genügend Platz, damit ihr später die Monatsnamen, Wochentage usw. eintragen könnt.
Statt eines spanischen Kalenders für euer Klassenzimmer könnt ihr auch einen Kalender mit Sehenswürdigkeiten eurer Stadt oder Region herstellen, z. B. für eure spanische Partnerschule oder für spanische Brieffreundinnen und -freunde.

11 ¿Como se dice en español? (Wie heißt es auf Spanisch?)

Wie sagt dein Lehrer oder deine Lehrerin im Spanischunterricht, wenn

… ihr Paare bilden sollt ______

… du einen Text vervollständigen sollst ______

… du etwas erzählen sollst ______

… du an der Reihe bist ______

… du ein Bild beschreiben sollst ______

… ihr Dialoge bilden und spielen sollt ______

12 Un problema

¿Qué piensan o dicen? (Was denken oder sagen sie?)

Múnich München

UNIDAD 2 A

1 Sopa de letras *(Buchstabensuppe)*

¡No olvides las vacaciones! (Vergiss die Ferien nicht!) In dem Gitter sind insgesamt 15 Begriffe versteckt, die mit dem Thema „Ferien" zu tun haben. Findest du sie?
Die Wörter sind nicht nur von oben nach unten oder von links nach rechts geschrieben, sondern auch von unten nach oben, von rechts nach links oder diagonal.

O	C	P	R	E	C	I	O	S	O	A	R	E
V	A	C	A	C	I	O	N	E	S	M	A	T
I	T	A	M	A	E	A	R	A	X	B	G	N
S	E	N	D	N	Y	O	H	H	T	I	E	E
I	D	U	T	A	N	C	Z	O	Y	E	L	U
T	R	R	L	A	N	I	F	T	I	N	L	P
A	A	P	M	O	N	U	M	E	N	T	O	R
R	L	E	C	A	F	E	S	L	I	E	B	R

2 ¿Qué hora es? *(G §§ 11, 12)*

a) Ordne die Aussagen den richtigen Uhren zu und schreibe den Buchstaben vor der Aussage unten in das jeweilige Lösungskästchen. Wenn alles stimmt, erfährst du, was in Spanien meist um 9.00 Uhr beginnt.

S Son las siete menos cinco de la tarde.
E Son las tres menos veinte de la tarde.
A Es la una y media de la tarde.
S Son las cinco menos diez de la mañana.
L ✔ Son las nueve de la mañana.

L Son las once y trece de la noche.
S Son las ocho y cinco de la mañana.
A Son las dos y diez de la tarde.
C Son las doce menos cuarto de la noche.

de la tarde nachmittags
de la mañana vormittags

Solución: L | 1 | 2 | 3 | 4 | 5 | 6 | 7 | 8

b) ¿Y tú? ¿Qué haces a qué hora? (Was tust du wann? Nenne mindestens 5 Situationen, die du täglich erleben kannst. Verwende dabei möglichst viele verschiedene Verben.)

A las siete y media de la mañana voy al instituto.

Ideas y sugerencias

Nimm auf eine Kassette 20 verschiedene Zahlen zwischen 0 und 30 (auf Deutsch) auf. Mach nach jeder Zahl eine kurze Pause. Dann spielst du das Band ab und sprichst in die Pausen die spanische Übersetzung der Zahl. Vergiss nicht zu kontrollieren, ob deine Übersetzung richtig ist. Mach diese Übung mehrmals (und nimm die Zahlen gelegentlich in anderer Reihenfolge auf, bzw. nimm neue Zahlen dazu, z. B. wenn du höhere Zahlen gelernt hast). Zahlen brauchst du ständig!

3 Relaciones familiales complicadas (Komplizierte Familienverhältnisse) (G § 16)

a) Hier sprechen Mitglieder einer spanischen Familie über sich und ihre Verwandten. Finde heraus, wer wie mit wem verwandt ist und trage die Namen in den Stammbaum ein.

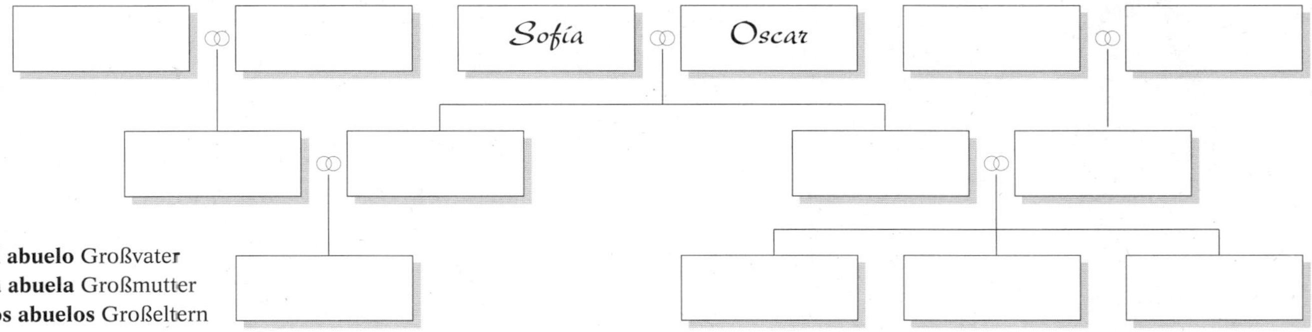

el abuelo Großvater
la abuela Großmutter
los abuelos Großeltern

1. Paloma → Andrés: Mi padre es también tu padre y mi madre es también tu madre.
2. Olga → Teresa: Los hijos de Julio son mis hijos, y sus padres son tus padres.
3. Elena + Andrés → Gabriel: Tu hija es nuestra madre.
4. Julio → Pablo: Tu padre es el abuelo de Javier.
5. Javier → Paloma + Elena: Vuestro padre es el hermano de mi madre.
6. Sofía → Inmaculada: Los hijos de tu hija son los hijos de mi hijo.
7. Javier → Paloma: Mi abuelo Oscar y mi abuela Sofía son también tus abuelos, pero mis abuelos Alberto y Clara no son tus abuelos.

b) Schreibe weitere Sätze mit Informationen über diese Familie. Verwende in jedem Satz mindestens einen Possessivbegleiter.

____

____

____

____

____

____

c) Denke dir selbst eine Familie aus und schreibe dazu Sätze mit Informationen. Tausche deine Angaben mit einem Partner oder einer Partnerin und versucht gegenseitig, die Stammbäume zu rekonstruieren.

4 ¿Adónde vas? (G § 14)

Completa las frases con las formas correctas del verbo ir *y añade la preposición* a *y el artículo si es necesario. (Vervollständige die Sätze mit den passenden Formen des Verbes* ir *und füge, wenn nötig, die Präposition* a *und den Artikel dazu. Die Zahlen in Klammern geben an, welche Form verwendet werden soll, wenn dies nicht aus dem Satz selbst schon ersichtlich ist, z. B. 5 = 2. Person Plural.)*

1. En las vacaciones ______________________ (4) España.
2. Barbara ______________________ café.
3. ¿______________________ (5) cine con Pilar?
4. Los padres de Chema ______________________ biblioteca.
5. ______________________ (1) restaurante de Jesús.
6. Y tú, ¿adónde ______________________? ¿______________________ discoteca?
7. ______________________ (3) habitación.

5 ¿Ves claro? (Blickst du durch?) (G § 15)

Bilde Sätze, indem du jeweils ein Element aus jedem Brillenglas mit hay *oder* estar *verbindest. Vorsicht bei der Stellung der beiden Verben.*

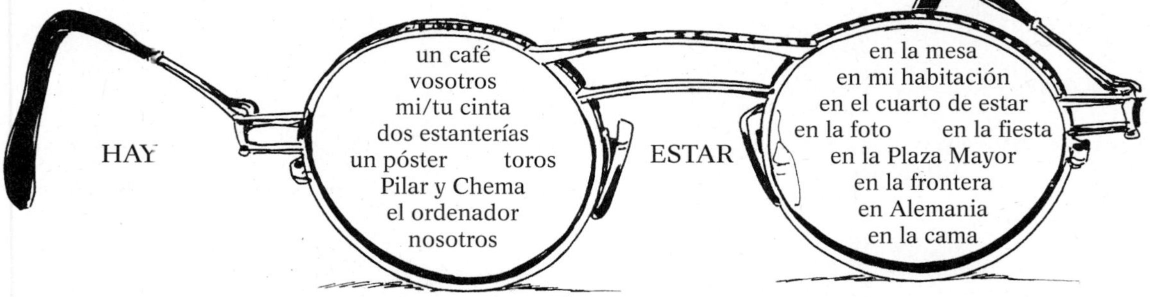

Hay un póster en mi habitación. ________ Pilar y Chema están en Alemania.

____

____

____

____

____

6 ¡Qué desorden! (Was für eine Unordnung!) (G § 15)

Dies ist das Zimmer einer sehr unordentlichen Person.

a) Zeichne in das Zimmer möglichst viele Gegenstände ein, deren spanische Bezeichnungen du bereits kennst – an Stellen, wo sie normalerweise nicht hingehören, z. B. das Spanischbuch unter dem Bett. Wenn du nicht gut zeichnen kannst, kannst du stattdessen auch das spanische Wort dorthin schreiben. Bildet Paare und fragt euch gegenseitig, was in eurem Zimmer ist und wo die Gegenstände sich befinden.

Ejemplo: –¿Hay un libro de español en tu habitación? –Sí.
–¿Dónde está (tu libro de español)? –(Mi libro de español) está debajo de la cama.

b) ¿Dónde están las cosas normalmente?

normalmente normalerweise

7 Amane, de Casablanca (G §§ 14, 15)

Completa el texto con las formas correctas de los verbos ser, estar, ir *y la forma* hay.

Amane ________ de Casablanca. Casablanca ________ en Marruecos. ________ una ciudad grande y vieja. Allí ________ hoteles, playas, institutos y una catedral vieja. ________ en el centro de la ciudad. ________ también dos aeropuertos.

Ahora, Amane no ___________ en Casablanca: Su padre trabaja en Sevilla. ___________ camarero. Sevilla ___________ una ciudad interesante, ___________ monumentos preciosos. Amane ___________ al instituto Velázquez. Sus compañeros y compañeras ___________ simpáticos. Velázquez ___________ un pintor muy conocido en España.

En las vacaciones, Amane y su familia ___________ a Marruecos. Y tú, ¿adónde ___________ de vacaciones?

Marruecos *m pl* Marokko – **un aeropuerto** Flughafen – **un pintor** Maler

8 el θumo del se'ɲor 'pereθ **= *El zumo del señor Pérez*** *(SchB S. 108/109)*

Schreibe die Wörter (von denen du manche noch nicht kennst) in „normaler" Schrift neben die Lautschrift.

la plaθa ma'jor de 'murθja ______________________________

baka'θjones en el ama'θonas ______________________________

la poli'θia de i'biθa ______________________________

una θju'ðað en bene'θuela ______________________________

un 'liβro de fran'θes ______________________________

9 ¿Dónde está el café Moderno, por favor?

Hablas con un señor mayor. Escribe el diálogo con las indicaciones en la columna de la izquierda.
(… einem älteren Herrn. Schreibe einen Dialog mit den Angaben in der linken Spalte.)

Du willst wissen, wie spät es ist.	______________________________
Der Herr antwortet dir (20.15).	______________________________
Du erschrickst, weil es schon so spät (*tarde*) ist. Du suchst das Café Moderno.	______________________________
Es ist in der Nähe der Kathedrale. Der Herr will wissen, wie dieses Café ist.	______________________________
Es ist ein sehr kleines, aber ein schönes und neues Café. Du fragst, wo die Kathedrale ist.	______________________________
Sie ist auf dem Marktplatz, wo auch drei schöne alte (= alte und schöne) Häuser und eine berühmte Statue stehen.	______________________________
Du fragst, ob es dort auch ein Museum gibt.	______________________________
Das Café ist neben einem Museum.	______________________________
Du bedankst dich und verabschiedest dich.	______________________________

UNIDAD 2 B

1 De personas y cosas

a) Schreibe die Wörter, die hier umschrieben sind, in die vorgesehenen Kästchen. Die markierten Felder ergeben einen Lösungssatz, der den Grund dafür nennt, dass Eva einen Job sucht.

1. Calle Francisco Vitoria, 17 es la ~ de Barbara y su familia.
2. ¿Qué vende Eva en el museo?
3. Entre las clases necesitas un ~.
4. García Torres son los ~ de María Francisca García Torres.
5. El día después de hoy.
6. Personas alemanas, inglesas … en España. Pasan sus vacaciones allí.
7. ¡Hola! (por la mañana)
8. Pepa es española. ~ en Madrid.
9. En un periódico hay ~.
10. No viejo (de una persona).
11. Las doce de la mañana.

vender verkaufen
entre zwischen
después de nach

Eva necesita

b) Stelle ein ähnliches Rätsel (mit einem Lösungswort oder -satz) für deine Klassenkameradinnen und -kameraden zusammen.

2 Información telefónica (Telefonauskunft) (G § 21)

Trabajad en parejas y formad diálogos: B busca un número de teléfono y llama a Información. A es la persona de Información, busca el número en la lista y responde. B anota el número. Intercambiad los papeles después de 4 diálogos. Al final controlad las respuestas.
(… B notiert die Nummer. Tauscht nach 4 Dialogen die Rollen und kontrolliert am Ende eure Antworten.)

Busco el número de teléfono de…
¿Qué número tiene …?
Perdón.
Muchas gracias.
El número de … es el …
Información, ¡Dígame!
Un momento, por favor.
¡Ah, aquí está!
Adiós.
Buenos días.

Ⓐ	Ⓑ
1. Yolanda Fernández Campos 23 49 81	1. Yolanda Fernández Campos
2. Luis García Moro 36 52 77	2. Luis García Moro
3. Adolfo González Silva 64 94 55	3. Adolfo González Silva
4. Vanesa López Moreno 14 30 72	4. Vanesa López Moreno
5. Jesús Martín Vela	5. Jesús Martín Vela 97 85 06
6. Eduardo Pérez Serrano	6. Eduardo Pérez Serrano 68 41 60
7. Carmen Sarmiento Blasco	7. Carmen Sarmiento Blasco 27 11 43
8. Natalia Gómez Santos	8. Natalia Gómez Santos 36 52 78

3 Y siempre los verbos (G § 17)

Completa la tabla. (Vervollständige die Tabelle.)

	abres				abren
				escribís	
			tenemos		
como					
		lee			
					viven

4 Un director desorganizado (Ein unordentlicher Direktor) (G §§ 17, 23)

Das Museum, in dem Eva nun arbeitet, hat keine Sekretärin. Deshalb muss Eva nicht nur Eintrittskarten verkaufen, sondern auch vieles andere für den Direktor erledigen. Dieser schreibt alles auf, aber er ist ziemlich unordentlich und Eva muss oft die Notizzettel zusammensuchen…
Verbinde passende Zettel zu Sätzen (manchmal genügt ein Zettel, manchmal sind es 2 oder 3) und schreibe einen Text über Evas Arbeit. In einigen Sätzen muss eine Präposition eingefügt oder der Satz verändert werden, z. B. «Busco…» wird zu «El director busca…».

ni und nicht

5 ¿Qué pasa? (G § 17)

Cuenta la historia y escríbela en tu cuaderno. (Erzähle die Geschichte und schreibe sie in dein Heft.)

6 Un día tiene 24 horas (G §§ 18, 21)

Forma frases como en los ejemplos. Utiliza tener *o* hay.

19 44 87 60 28 5 24 52 71 93 37 26 15

un día / horas *Un día tiene veinticuatro horas.*

mi habitación / armarios *En mi habitación hay tres armarios.*

1. mi padre / años ______
2. mi ciudad / iglesias ______
3. una hora / minutos ______
4. yo / cintas y Cds ______
5. la clase / sillas ______
6. un mes / días ______
7. nosotros / profesores ______
8. el instituto / ordenadores ______
9. un periódico / anuncios ______
10. yo / días de vacaciones ______

Ideas y sugerencias

Wenn du spanische Texte hörst oder liest, musst du nicht alle Wörter kennen. Konzentriere dich deshalb bei einem Text nicht auf die unbekannten Wörter, sondern auf diejenigen, die du verstehst (bei einem schriftlichen Text kannst du sie z. B. unterstreichen) und versuche sie in einen sinnvollen Zusammenhang zu bringen. Meistens wirst du ziemlich genau herausfinden, worum es geht.

7 Información y anuncios

Lies die Auszüge aus spanischen Zeitungen und fasse auf Deutsch zusammen, worum es geht. Gehe dabei so vor:

- *Markiere die Wörter, die du verstehst.*
- *Wie könnten diese Wörter zusammenpassen? Wird z. B. eine Geschichte erzählt? Gehören die Wörter zu einem Thema?*
- *Spekuliere weiter, worum es genauer gehen könnte.*
- *Kontrolliere deine Vermutungen immer wieder am Text.*
- *Versuche nicht, alle Wörter zu verstehen. Dies ist auch nicht nötig, um den Sinn zu erfassen!*

ATOCHA, piso nuevo, tres dormitorios, dos baños, terraza, garaje, piscina. Visitar todos los días. ☎ 91/5932396.

GRUPO EUROPEO
necesita para iniciar sus actividades en Madrid
PERSONAS
ENTRE 35 Y 50 AÑOS
Con experiencia en alguna de las siguientes áreas:
- Marketing.
- Administración.
- Dirección.

Interesados, enviar CV detallado al apartado de Correos 8.469, 28808 Madrid.

Televisión

El corazón de Clara

Tele 5/15.45: *EEUU. 1988. C. 108 m.* ***Director:*** *Robert Mulligan.* ***Intérpretes:*** *Whoopi Goldberg, Michael Ontkean.*

★

Una camarera parlanchina y sabelotodo de un hotel de Jamaica se hace amiga de una pareja de yuppies, que están de vacaciones en la isla para olvidar la pérdida de su hija pequeña.

1. Eine Anzeige. Angeboten wird ______________________

____

____

2. ______________________

____

3. ______________________

____

8 Periódicos españoles

Auch in Deutschland kann man spanische Zeitungen oder Zeitschriften kaufen, z. B. an vielen Bahnhöfen. Einige stehen auch in manchen Bibliotheken. Versucht die Titel von möglichst vielen Zeitungen oder Zeitschriften herauszufinden. Lest auch die Schlagzeilen oder einen kurzen Artikel: Worum geht es dabei?

9 Quiero saber... *(Ich möchte wissen …)* *(G §§ 19, 20, 22)*

¿Cómo preguntas en las situaciones siguientes? (… in den folgenden Situationen?)

1. Eine Mitschülerin, ob sie viel für die Schule arbeitet. ______________________
2. Die Eltern deiner Freundin, um wieviel Uhr sie zur Arbeit gehen. ______________________
3. Einen Lehrer, wann er zur Schule geht. ______________________
4. Einen Freund deines Bruders, welche Sprachen er spricht. ______________________
5. Einen Verkäufer an einem Kiosk, welche Zeitungen sie haben. ______________________
6. Zwei ältere Damen, die sich auf der Straße umsehen, was sie suchen. ______________________
7. Deine Banknachbarn, welche Bücher sie lesen. ______________________
8. Die Direktorin deiner Schule, wo sie wohnt. ______________________
9. Einen neuen Mitschüler, aus welcher Stadt er kommt. ______________________
10. Deine Spanischlehrerin, wohin sie geht. ______________________
11. Einen Freund, wie die neue Bibliothek ist. ______________________

10 ¡¡Oh no!!

Nach dem Fehlschlag mit der Stelle im Kino sucht Pilar also weiter nach einem Job. Als sie am nächsten Tag die Zeitung lesen will, stellt sie fest, dass ihre kleine Schwester Ana ausgerechnet die Seite mit den Stellenanzeigen zerrissen hat. Welche Teile gehören zueinander?

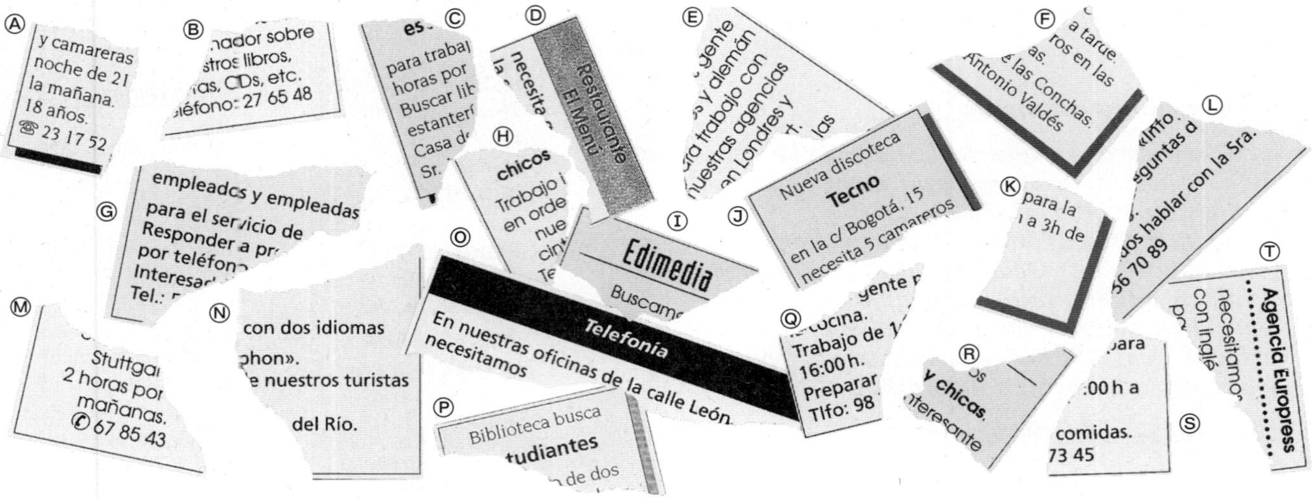

1. A + ______________________
2. ______________________
3. ______________________
4. ______________________
5. ______________________
6. ______________________

11 ¿La escuela de idiomas, por favor?

Frank ist Student und will in Spanien einen Sprachkurs machen. In einem Prospekt einer Sprachschule in Pamplona hat er eine Telefonnummer gefunden und ruft nun dort an, um genauere Informationen einzuholen. Schreibe den Dialog zwischen Frank und der Dame in der Sprachschule entsprechend den Angaben und erfinde ein Ende.

Frank fragt:
- ob er mit der Escuela de idiomas (*Sprachschule*) in Pamplona verbunden ist (ja)
- ob die Spanischkurse in Pamplona 1 oder 2 Monate dauern (1, 2 oder 6)
- nach der Anschrift der Escuela (c/Concepción, 32, 31009 Pamplona)
- wie alt das nette Mädchen am Telefon ist, ob sie Zeit hat, wenn er für den Kurs nach Pamplona kommt und ob sie ihm die Stadt zeigt (*mir = me*)

UNIDAD 3 A

1 ¿Quieres participar?

Imagínate que quieres participar en el grupo Cárabo. Llena esta ficha de inscripción con tus datos y da también tus razones. (Stell dir vor, dass du … . Fülle dieses Anmeldeformular mit deinen persönlichen Angaben aus und gib auch deine Gründe an.)

FICHA DE INSCRIPCIÓN

Apellidos ....

Nombre ....

Dirección ....

Ciudad ....

Teléfono ....

Edad ....

Intereses:

- ❑ Excursiones (fines de semana)
- ❑ Grupo de trabajo
- ❑ Grupo de información

¿Por qué quieres participar?

....

....

....

....

....

....

enviar a: G. E. Cárabo
Instituto Fray Luis de León
Av. Champagnat, s/n
37007 SALAMANCA
Tfno: (923) 23 11 94 y 24 76 65

2 Una ciudad verde

Madrid quiere ser una ciudad verde. Un empleado prepara un folleto y ya tiene las fotos. Escribe tú el texto. Utiliza «(la ciudad de) Madrid», «nosotros en Madrid», «los madrileños» como sujeto. (… einen Prospekt … Verwende … als Subjekt.)

Los madrileños no quieren un río sucio,

los madrileños la gente de Madrid

3 Conjugar con los dados (*Mit Würfeln konjugieren*) (*G § 14, 25*)

a) Gib für die Verben ir, estar *und* dar *neben dem Würfel die passende konjugierte Form an, z. B.* ⚀ *= 1. Person Singular,* ⚄ *= 2. Person Plural usw.*

Was fällt dir an den Formen dieser drei Verben auf?

b) Formad parejas y conjugad estos verbos con los dados. (… und konjugiert diese Verben durch Würfeln.)

querer — tener — pensar — preferir — entender

4 El ordenador tiene un defecto

Completa las palabras.

En Salamanca h__ __ poc__ ind__ __ __ __ __ __. La ge__ __ __ pien__ __: Nos__ __ __ __ __ aq__ __ no ten__ __ __ __ probl__ __ __ __ con el med__ __ amb__ __ __ __ __. Pe__ __ Salamanca es una ciu__ __ __ nor__ __ __ y sí tie__ __ problemas eco__ __ __ __ __ __ __. Hay muc__ __ bas__ __ __ en el sue__ __, hay chic__ __, pap__ __ __ __, bot__ __ __ __ __ … Los chic__ __ del gru__ __ Cárabo bus__ __ __ soluc__ __ __ __ __ concr__ __ __ __. Quier__ __ dar inform__ __ __ __ __, pla__ __ __ __ árb__ __ __ __, obs__ __ __ __ __ anim__ __ __ __. ¿P__ __ qué no part__ __ __ __ __ __ tú tamb__ __ __?

5 ¿Cómo viven los españoles? (*G § 28*)

Mira las estadísticas: ¿Hay pocas, bastantes o muchas personas que viven así? (… die so leben?)

vivir en ciudades — *Muchos españoles viven en ciudades.*

trabajar en el campo

ir en coche (al trabajo o de vacaciones)

no tener trabajo

leer el periódico (todos los días)

ver la televisión

ir al cine

escuchar la radio

participar en grupos ecológicos

todos los días jeden Tag

6 Poco a poco *(G § 28)*

Describe los dibujos: ¿Hay poco o mucho de cada cosa? (... von jeder Sache?)

1. Hay ______ árboles en la calle.
2. ______
3. ______
4. ______
5. ______
6. ______
7. ______
8. ______

7 Discusiones ecológicas *(G § 15)*

Completa los diálogos con las formas correctas de los verbos ser *y* estar *o la forma* hay.

1. —Salamanca ______ una ciudad sin industria, ¿no?

   —Sí, claro, pero ______ muchos problemas ecológicos también.

2. —¡Mira, ______ papeles, botellas y chicles en el suelo!

   —Sí, ______ la basura de la fiesta del instituto.

3. —¿Dónde ______ los chicos de Cárabo hoy?

   ______ en el campo. Quieren plantar árboles.

4. —______ muchos chicos y chicas en el grupo?

   —No, ______ pocos: 10 ó 15. ______ Toño, Bea, Charo,

   Miguel, Rosa, Roberto, Maribel ... ah y Carlos también. ______ en el grupo, pero no trabaja.

5. —España ______ muy seca y ______ poca agua, ¿no?

   —______ verdad. Pero ______ regiones verdes con ríos y muchos árboles. Las regiones

   verdes ______ en las montañas del norte y en las costas del Océano Atlántico.

el norte Norden

Ideas y sugerencias

Die zu einem Text gehörenden Abbildungen oder das Wissen um die Textsorte können dir helfen, diesen Text besser zu verstehen. Stell dir z. B. vor, du siehst in einem Werbeprospekt folgende Zeile: «Todas las habitaciones del hotel con ducha» und daneben dieses Zeichen. Klar, dass „ducha" Dusche heißt, nicht wahr?
Auch dein sonstiges Wissen ist nützlich, z. B. bei einem Satz wie diesem: „La actriz conocida Meg Ryan…" Meg Ryan ist eine Schauspielerin, also heißt „actriz" vermutlich „Schauspielerin".

8 *Educación ambiental – Información del grupo Cárabo*

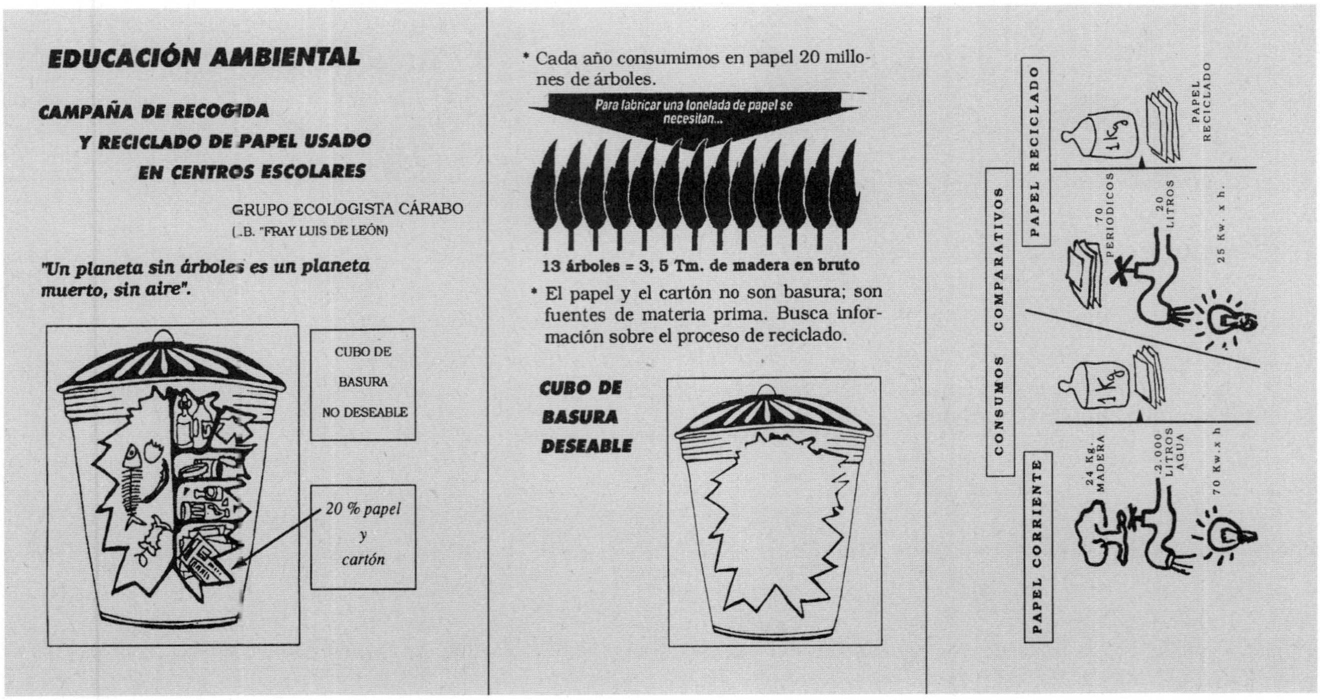

Versuche, die Bedeutung der unten angegebenen Wörter im Prospektauszug zu verstehen (z. B. mit Hilfe anderer Sprachen, durch die Abbildungen usw.) und suche dann weitere solche Wörter im Text.

Ejemplo: 1. unbekanntes spanisches Wort 2. deutsche Bedeutung 3. Grund, aus dem du das Wort verstanden hast (+ ggf. Wort aus dem Deutschen oder einer anderen dir bekannten Sprache)

educación — *Erziehung* — *Englisch (education)*

1.	2.	3.	1.	2.	3.
campaña					
centro					
planeta					
aire					
cartón					
fabricar					
madera					
proceso					
litro					

9 Una discusión (G § 26)

a) Setze die angegebenen Verben in die richtige Form.

Los chicos y chicas del grupo Cárabo ____________________ ir dos días de excursión a Galicia,	querer
pero no ____________________ mucho dinero. Y Bea no ____________________ tiempo.	tener (2x)
Bea: No ____________________: ¿por qué ____________________ ir hasta Galicia?	entender/querer
____________________ mucha naturaleza también aquí, cerca de Salamanca.	tener
Toño: Sí, claro, pero ____________________ ir a Galicia porque allí hay muchos animales.	preferir
Miguel: Bien, pero nosotros ____________________ estar cerca porque no	preferir
____________________ dinero. Y vosotros, ¿qué ____________________? ¿Qué	tener/pensar
____________________ vosotros?	preferir

b) Inventa el final de la discusión. ¿Qué prefieren las personas? (Participan también Charo, Roberto, Maribel y Rosa.) Escribe el texto en tu cuaderno. Aquí tienes algunas ideas: (... einige Ideen:)

Jemand möchte gar keine Tiere auf dem Land beobachten, sondern lieber die Tiere in der Stadt. Eine andere Person hält es für wichtiger, in Salamanca etwas Konkretes zu unternehmen, z. B. in der Schule Müll zu trennen oder Informationen über den Straßenverkehr vorzubereiten. Jemand hat keine Zeit mitzufahren, will aber einen Nachmittag im Schulgarten arbeiten ...

10 Un artículo sobre el grupo Cárabo

Lies noch einmal den Text im Schülerbuch S. 32. Stell dir vor, du bist ein/e Reporter/in und hast mit Toño, Bea, Charo und Miguel gesprochen. Fasse die wichtigsten Aussagen zu einem kurzen Artikel (ca. 8–10 Sätze) zusammen. Berücksichtige vor allem die Gründe der Jugendlichen für die Teilnahme sowie die Aktionen, die von ihnen geplant werden.

Hoy visitamos el Instituto Fray Luis de León en Salamanca. Hablamos con cuatro jóvenes del grupo Cárabo: dos chicas y dos chicos. Participan en el grupo porque ____________________

1 ¿Qué día es?

Busca los nombres de los días que corresponden a las descripciones … y sabes por qué muchos españoles no trabajan un día entre dos días de fiesta. (…die den Beschreibungen entsprechen…)

1. Muchas personas no trabajan, pero las vendedoras (y otros) sí. _ _ _ [1] _ _
2. El día en el centro de la semana. _ _ _ _ [2] _ _ [3] _
3. No abren los museos. _ _ [4] _ _
4. Dos días y ya es fin de semana. _ [5] [6] _ _ _
5. Muchas personas van a la iglesia. _ _ _ _ [7] _ _
6. Después del lunes viene el _ _ _ [8] _ _
7. En España no es ~ 13, es martes 13. _ _ _ _ _ [9] _

Entre dos días de fiesta muchos españoles no trabajan porque H [1] [2] [3] [4] P [5] [6] [7] [8] [9].

2 ¿Juegan o tocan? (G § 29)

Describe los dibujos: ¿Qué hacen las personas? Incluye la mayor información posible. (…Verwende möglichst viele Informationen.)

3 Preparar una campaña ecológica (G § 33)

Pon las formas correctas de otro *y el artículo, si es necesario. (Setze … und den Artikel, wenn nötig.)*

El grupo Cárabo y ______________ chicos del Fray Luis quieren preparar una campaña sobre la basura.

—¿Por qué no preparamos información?

—Siempre igual: papel, papel y papel… ¿No tienes ______________ idea?

—Yo propongo limpiar el parque de la Alamedilla y ______________ sitios de la ciudad. Así hacemos ______________ cosas.

—Y tú, ¿qué piensas, van a participar ______________ chicos del grupo?

— Pues claro, no tienen ______________ alternativa.

4 ¡Siempre otra cosa! (G § 33)

Estás de vacaciones en una familia española. Felipe, el hijo, propone muchas cosas, pero tú prefieres otras. Escribe tus respuestas.

1. ¿Quieres una hamburguesa? No, gracias, prefiero ________ comida.
2. ¿Vamos de excursión con Sara y Pepe? ________ personas.
3. ¿Tienes ganas de ir a Madrid? ________
4. ¿Vamos al cine? Ponen «Kika». ________
5. ¿Vienes hoy a mi casa? ________
6. Un grupo muy bueno Héroes del Silencio, ¿no? ________
7. ¿Tienes un perro? ________
8. ¿Quieres leer un libro de Miguel Delibes? ________
9. ¿Juegas al fútbol? ________

5 En clase

a) Hier sind einige nützliche spanische Sätze. Verbinde sie mit den zugehörigen Übersetzungen zu. ... Und versuche sie dir zu merken: Du wirst sie im Unterricht sicher oft brauchen.

① ¿Cómo se dice «...» en español?
② ¿En qué ejercicio estamos?
③ ¿Puede repetir, por favor?
④ ¿Puede dar un ejemplo, por favor?
⑤ Tengo una pregunta.
⑥ No sé.

Ⓐ Bei welcher Übung sind wir gerade?
Ⓑ Wie sagt man «...» auf Spanisch?
Ⓒ Ich habe eine Frage.
Ⓓ Ich weiß (es) nicht.
Ⓔ Können Sie bitte ein Beispiel geben?
Ⓕ Können Sie das bitte wiederholen?

b) ¿Qué han preguntado los alumnos al profesor? (Was haben die Schüler den Lehrer gefragt? Verwende wieder die oben angegebenen Sätze.)

____

¿Qué quieres saber?

____

Estamos en la página 25, ejercicio 2.

____

Sí, claro, por ejemplo...

____

Se dice «¿Puede repetir, por favor?»

6 Cadenas de palabras (Wortketten) (G §§ 18, 25, 26, 29, 30)

In jeder Wortkette passt ein Wort nicht. Finde es heraus und begründe deine Wahl – wenn möglich auf Spanisch. (Es gibt, außer im Beispiel, jeweils mindestens 2 Lösungen und die Kriterien sind grammatischer Art.)

Ejemplo: entiendo – prefiero – ~~escribo~~ – juego – pienso → *Escribo* ist kein Gruppenverb (mit Diphtongierung).

1. preparamos – trabajamos – pensamos – escribimos – llamamos
2. abren – dicen – escriben – viven – responden
3. tengo – salgo – propongo – digo – hago
4. observas – juegas – tocas – das – escuchas
5. come – lee – bebe – ve – sabe

7 Diálogos en la calle (G § 30)

Completa los diálogos con las formas correctas de los verbos hacer, ir a, proponer, saber, salir, tener, venir.

Ideas y sugerencias

Vor allem für Gruppenverben und unregelmäßige Verben reicht es nicht den Infinitiv zu kennen. Lege dir deshalb für sie in deiner Vokabelkartei eine zusätzliche Karteikarte an. Schreibe auf die Vorderseite den Infinitiv und auf die Rückseite die flektierten Formen. Wenn du mit diesem Verb übst, suchst du dir eine Person aus (z. B. durch Würfeln) und sagst die passende Form oder schreibst sie auf. Kontrolliere genau mit Hilfe der Rückseite. (Spaß macht das auch zu zweit!) Versieh diese Karten mit einer Markierung, damit du sie erkennst, wenn du beim Üben mit der Vokabelkartei auf eine dieser Karten stößt.

8 Un calendario (II)

Nehmt noch einmal den Kalender her, den ihr in Unidad 1B zusammengestellt habt. Ergänzt auf jedem Blatt die Namen der Wochentage (und die dazu passenden Datumsangaben für das kommende Jahr.).

9 Ocio (Freizeit)

Busca los verbos adecuados y pon el artículo o/y una preposición, si es necesario. (… die passenden Verben und setze, wenn nötig, den Artikel und/oder eine Präposition.)

___ { ___ tenis / ___ baloncesto / ___ fútbol }

___ { ___ deporte / ___ visita / ___ excursión / ___ fiesta }

___ { ___ guitarra / ___ batería }

___ { ___ película / ___ televisión / ___ partido de fútbol }

___ { ___ cine / ___ museo / ___ discoteca / ___ montaña }

10 Lo siento mucho, pero… (Es tut mir sehr leid, aber …) (G § 32)

Un amigo español o una amiga española quiere venir este fin de semana, pero tú ya tienes muchos planes. Escríbele y cuéntale lo que vas a hacer. (…Schreib ihm/ihr und erzähle, was du tun wirst.)

Hola, :

Este fin de semana no tengo tiempo porque voy a

¿Por qué no vienes el día 15?

Un abrazo.

11 Un encuentro imprevisto (Eine unvorhergesehene Begegnung)

Pilar y Rubén están en un café en Salamanca. En una mesa cerca de ellos hay dos jóvenes. Hablan alemán. Pilar va a su mesa y habla con ellas. Escribe el diálogo.

Pilar stellt sich und Rubén vor und fragt die beiden nach ihrem Namen und ob sie Deutsche sind.

Elke und Birgit sind aus Hamburg.

Pilar sagt, dass sie eine Mitschülerin aus Hamburg hat: Barbara.

Die beiden sind überrascht: Sie wissen noch nicht, dass Barbara jetzt in Salamanca wohnt.

Pilar erklärt, wo Barbara wohnt. Sie kommt um 18 Uhr zum Schwimmbad, denn montags gehen sie immer schwimmen. Ob Elke und Birgit nicht mitkommen wollen?

Sie wollen gern, aber sie wissen nicht, wo das Schwimmbad ist.

Rubén schlägt vor, sich um 17.30 Uhr auf dem Marktplatz zu treffen, um gemeinsam *(junto, -a)* dorthin zu gehen.

Die beiden sind einverstanden und verabschieden sich.

UNIDAD 4 A

1 El dominó matemático *(G § 34)*

a) En el dominó faltan algunas fichas. ¿En qué sitios van las fichas 1 al 5? ¿Qué otras fichas necesitas? Escribe números y operaciones matemáticas adecuadas en las fichas vacías. (… Schreibe passende Zahlen und Rechenaufgaben in die leeren Spielsteine.)

más (+) menos (-)
por (x) dividido por (:)

1 | cuatrocientos cuarenta | ciento veintidós más trece |

2 | setecientos ochenta y nueve | veinticinco por veinticinco |

3 | quinientos | ciento uno más noventa y nueve |

4 | quinientos sesenta y nueve menos cincuenta | ochenta |

5 | ochocientos cincuenta y dos menos cuatrocientos sesenta y tres | seiscientos cincuenta y seis |

Start →

novecientos noventa y nueve	ochocientos sesenta menos setenta y uno
seiscientos veinticinco	mil dividido por dos
doscientos	doscientos cuarenta y tres dividido por tres
setecientos cuarenta y tres menos ochenta y siete	noventa y siete
doscientos setenta más trescientos diecisiete	trescientos ochenta y nueve
novecientos sesenta dividido por doce	ciento cincuenta y cuatro
quinientos diecinueve	cuarenta y cuatro por diez
ciento treinta y cinco	cuatrocientos noventa y uno más doscientos cuarenta y siete
ochocientos noventa y seis	veinticuatro por treinta y ocho

b) Inventa un dominó matemático para tus compañeros y compañeras.

2 ¿Manzanas? ¿Mandarinas?

En estas frases, la respuesta ya está en la pregunta. ¿La encuentras? (Siempre es algo para comer.)
(… Findest du sie? …)

Ejemplo: Redondo como la luna, blanco como la cal. *Solución:* queso
Te digo qué soy, y ya no te cuento más.

redondo, -a rund – **la luna** Mond
blanco, -a weiß – **la cal** Kalk
no cuento más ich erzähle nichts mehr

1. Blanca por dentro y verde por fuera,
si no lo adivinas, espera.

2. Oro parece, plata no es,
quien no lo sabe, tonto es.

por dentro innen – **por fuera** außen
adivinar erraten – **el oro** Gold
la plata Silber – **tonto, -a** dumm

3 No, no tanto. *(G § 35)*

Forma diálogos como en el ejemplo. ¡Atención a tanto *determinante y* tanto *pronombre!*
(… Achte darauf, wann tanto *Begleiter und wann es Pronomen ist.)*

—entrada del museo del Prado / 2.000 ptas. *¿Cuánto cuesta la entrada del museo del Prado? 2.000 ptas, ¿no?*

—500 ó 600 ptas. *No, no cuesta tanto. Cuesta unas 500 ó 600 ptas.*

1. —tú / 50 compañeros y compañeras ______

—¿? ______

2. —1 libro / 5 kilos ______

—500 gramos ______

3. —tú / 15 peras en un día ______

—¿? ______

4. —el parque de la ciudad / 100 árboles ______

—50 ______

5. —fiesta de San Fermín en Pamplona / 10 000 000 personas ______

—900 000 ______

6. Salamanca / 500 000 personas ______

—370 000 ______

4 Me parece bien (G § 38)

a) Busca en el texto «Una fiesta en el instituto» en el libro del alumno los pronombres personales de complemento que acompañan a estos verbos. (… die Objektpronomen, die bei diesen Verben stehen.)

1. ______ parece	3. ______ dais	5. ______ parece	7. ______ falta	9. ______ pone
2. ______ gusta	4. ______ pongo	6. ______ da	8. ______ gustan	10. ______ da

b) Ordena las formas encontradas en la tabla. Falta una forma. ¿Cómo podría ser? (Ordne die gefundenen Formen in das Raster ein. … Wie könnte sie lauten?)

1. Pers. Sg.	2. Pers. Sg.	3. Pers. Sg.	1. Pers. Pl.	2. Pers. Pl.	3. Pers. Pl.
______	______	______	______	______	______

5 ¿Qué te gusta? (G § 38)

La reportera de una revista de música hace una entrevista a estas personas. Inventa pequeños diálogos. Utiliza preguntas como: ¿Qué música te gusta?, ¿Qué les parece la música rap?, etc.

música funky / tecno / rap / rock
el flamenco, las sevillanas, los tangos
la música clásica

______

______

______

______

______

______

______

6 Una madre nerviosa (G § 38)

La madre de Chema muchos días trabaja hasta muy tarde, entonces llama y «propone» muchas cosas… y Chema promete hacerlo todo. Escribe las propuestas de la madre y las respuestas de Chema como en el ejemplo. (… Chema verspricht, alles zu tun.) Die Doppelstriche bedeuten, dass die Mutter mehrere Sätze sagt; in Klammern stehen zusätzliche Angaben für Antworten.

dar / zumo de naranja / hermanas

–¿Les das un zumo de naranja a tus hermanas, por favor? –Claro, les doy el zumo (de naranja).

hacer / los deberes (Jesús hace los deberes de física para Chema y Chema hace los deberes de inglés para Jesús.)

–¿Haces los deberes? –Bueno, Jesús me hace los deberes de física y yo

preparar / bocadillo / abuelo

ir a la compra // faltar / pan y queso

pagar también / pan del otro día / tendera

proponer el sábado 18 / amigos de Chema / para la fiesta del cumpleaños de Chema

querer ir / concierto de Nacho Cano / Chema y sus amigos // la madre / comprar las entradas / Chema y sus amigos (¡Fenomenal!)

madre / querer hablar también / padre de Chema // pasar el teléfono / padre

–

–Sí, mamá, y hago todo. ¡No te preocupes!

los deberes Hausaufgaben
¡No te preocupes! Mach dir keine Sorgen!

7 Opiniones

a) Hier sind eine Reihe von Sätzen oder Syntagmen, die Meinungen oder Werturteile zum Ausdruck bringen. Markiere diejenigen, die ein positives Urteil ausdrücken, mit ☺, negative Urteile mit ☹, und mit 😐 kennzeichnest du, was je nach Situation positiv oder negativ sein kann.

me gusta · no veo otra solución · no me gusta · vale · faltan muchas cosas · es muy importante · me parece mal · siempre igual · ¡estupendo! · no me parece mal · bueno, pero … · no pienso así · no importa · me parece bien · es verdad · no es fácil

b) Such dir einen der mit 😐 markierten Ausdrücke aus und schreibe auf Spanisch einen kurzen Text mit einer Situation, in der der Ausdruck positiv oder negativ verwendet wird.

8 *¿Qué vamos a hacer el fin de semana?*

David, el amigo inglés de Chema, está en Salamanca. El fin de semana, Chema y él quieren salir con los amigos, pero todavía no saben qué van a hacer. Miran en el periódico.
Trabajad en grupos. Distribuid los papeles según el número de las personas: Chema, David, Pilar, Barbara, Jesús, ... Quedad para el sábado por la tarde o el domingo por la mañana. ¿Adónde vais a ir?, ¿Dónde quedáis?, ¿A qué hora ...?, ¿Por qué queréis hacer algunas cosas y otras no? (...Verteilt die Rollen entsprechend der Zahl der Personen ...)

– um etwas vorzuschlagen: Propongo ...; Tengo ganas de ...; ¿Vamos a ...?; ¿Qué te/os parece ...?; ¿Por qué no vemos .../visitamos ...?; Pienso en ...; Quiero ...

– um darauf zu reagieren: Me parece ...; Es una idea muy buena.; Vale.; Prefiero ...

– um deine Meinung zu begründen: (no) me gusta...; (no) es/me parece (muy)/(demasiado) (+ *adjetivo*)

Agenda *para hoy*

Teatro

Centro Dramático Nacional. 'Entremeses' de Cervantes. Teatro Juan del Enzina, 20:15 horas. *Entradas* 1.500 ptas.

Música

Festival Internacional de Jazz. Teatro Bretón. 21:00 h. 800 ptas.

Celtas Cortos. Plaza Barcelona, 21:00 h. *Entradas* 2.000 ptas.

Orquesta de la Radio Nacional Española. Sinfonía nº 5 de Beethoven. Iglesia San Esteban. 20:30 h. 1.000 ptas.

Museos

Museo de Salamanca (Bellas Artes). Martes a viernes: 9:30 a 14 y de 16:30 a 20 horas, sábado: 10 a 14 y 16:30 a 19:00 horas. *Precio:* 200 ptas. y 100 ptas. para estudiantes. Lunes: cerrado.

Catedral Nueva Todos los días: 9 a 14 y de 16 a 20 horas. *Entrada gratuita.*

Catedral Vieja Todos los días: 10 a 13:30 y de 16 a 9:30 horas. *Precio:* 300 ptas.

Museo taurino Martes a viernes: 18:00 a 21:00, sábados: 12:00 a 14:00 y 18:00 a 21:00, domingos: 12:00 a 14:00. *Precio:* 200 ptas.

Biblioteca Casa de las Conchas. Plantas y animales en Salamanca. Exposición de fotografías. Lunes-sábados de 12 a 14 y de 18 a 21. Sábados tarde y domingos cerrado.

Deporte

Fútbol. Real Madrid contra UDS Salamanca. Polideportivo Doñinos, 16 h. *Entradas* 2.000 ptas.

Tenis. Copa de Europa. Arantxa Sánchez Vicario contra Steffi Graf. Polideportivo Salas Bajas, 17 h. *Entradas:* 3.000 ptas.

Baloncesto femenino. Halcón Viajes – Universidad de Oviedo. Pabellón de Würzburg, 18 h. *Entradas gratuitas.*

Películas

Multicines Salamanca. Sala 1: Jamón, jamón. A las 5:30 y 8:10.
Sala 2: La buena vida. A las 5, 8 y 11.

Breton 1. 101 dálmatas. A las 5:30, 8:10 y 11.
Breton 2. Un pueblo llamado Dante's Peak. A las 5:30, 8:10 y 11:00.

Excursiones

La Alberca. Media jornada. 1.600 ptas. Estación de Autobuses, 13 h.

Toledo. Jornada. 4.500 ptas. Estación de Autobuses, 8 h.

taurino, -a de toros

9 *Todo listo para esta noche* *(Alles bereit ...)* *(G § 37)*

31 de diciembre, 18:30. Chema, Jesús, Pilar, Barbara, Fede y Sole preparan todo para la fiesta de esta noche. Completa el diálogo con los pronombres y adjetivos demonstrativos apropiados. (...mit den passenden Demonstrativbegleitern oder -pronomen.)

Jesús: Sole, ¿me das el papel para la mesa? Allí, ______________, encima de las botellas de limón.

Sole (va hasta las botellas): Jesús, aquí hay dos: ______________ rojo o ______________ blanco.

Jesús: ______________, el blanco. El rojo es para la mesa de las bebidas.

Pilar: Chema, ¿me das ______________ sándwiches? Ahí, a tu lado.

Chema: ¿______________? ¿¡De queso!? ¿No tenemos otros?

Pilar: Sí, claro, mira, ______________, en la silla cerca de la puerta: los sándwiches de jamón de Fede.

Chema (va): ¿Dónde? ¿En ______________ bolsa? Ah, sí, ¡hmmmm! Prefiero ______________ de jamón a ______________ de queso.

Pilar: ¿Están también las patatas fritas? *(Chema no escucha.)*

Fede: ¡Eh, Chema! Sí, están allí, en ______________ bolsa. No, no ______________, la otra debajo de la silla.

Chema: Barbara, ¿tienes tú las llaves del patio?

Barbara: Sí, aquí están, ______________, aquí tienes. ______________ noche llegas tú primero.

una llave Schlüssel

10 Productos de España y Latinoamérica

Muchas cosas en el supermercado son de España o Latinoamérica.

a) Busca estos productos y escribe su nombre y su origen o mira en casa, por ejemplo en la despensa: ¿Hay productos españoles o latinoamericanos? Anota también los nombres o toma los papeles de las latas (... in der Speisekammer ... Notiere ... von den Dosen.)

b) En grupos haced un póster con los resultados de la búsqueda. Explicad a vuestros compañeros y compañeras lo que sabéis de estos productos: qué es, de dónde es, etc. (... eurer Suche. Erklärt ..., was ihr über diese Produkte wisst ...)

Ideas y sugerencias

Wie beim Lesen eines Textes musst du auch beim Hören nicht jedes Wort verstehen, um mitzubekommen, worum es geht. Konzentriere dich auch hier auf Wörter, die du kennst. Merke oder notiere sie dir. Überlege, wie sie zusammenpassen. (Siehe dazu auch Ideas y Sugerencias und Übung 7 auf S. 23).
Hör dir den Text, wenn möglich, mehrmals an. Ausgehend von deinen Vermutungen beim ersten Hören, wirst du beim zweiten oder dritten Mal sicher noch mehr verstehen. Und wie beim Lesen die Abbildungen können dir beim Hören die Geräusche helfen, manches besser zu verstehen.

11 Red de vocabulario

Haz una red de vocabulario sobre la casa *o* el mercado.

12 Ir a la compra

Du bist mit deinen Eltern auf Urlaub in Spanien. Ihr habt eine Ferienwohnung und müsst selber kochen. Da du Spanisch sprichst, hat deine Mutter dich einkaufen geschickt. Schreibe deinen Anteil am Dialog entsprechend dem, was die Verkäuferin sagt sowie den Angaben in der linken Spalte.

(Du betrittst den Laden und grüßt.)

____

Hola buenos días, ¿qué te pongo?

(0,5 kg Äpfel)

____

¿De éstas rojas o de aquéllas verdes?

(die grünen)

____

Cuestan 200 ptas. el kilo.

(Du nimmst 1/2 Kilo und 1/2 Kilo Orangen.)

____

Vale. ¿Eso es todo?

____

Son 350 ptas.

(Du gibst der Verkäuferin 500 ptas.)

____

Vale. Muchas gracias. Adiós.

(Sie hat das Wechselgeld vergessen!)

____

Ah, sí, claro. Son 350. Perdón. Aquí tienes: 400 y 500.

(Du bedankst dich und verabschiedest dich.)

____

Adiós, gracias y hasta otro día.

UNIDAD 4B

1 ¡Felicidades! *(Herzlichen Glückwunsch!)*

a) Zu welchen Anlässen verschickt man diese Karten? Notiere die Ereignisse oder Feste auf Deutsch.

① ______________________________

② ______________________________

③ ______________________________

④ ______________________________

⑤ ______________________________

⑥ ______________________________

b) Such die genauen Formulierungen für die Glückwünsche oder Festtagswünsche heraus. Sicher kannst du sie gebrauchen!

Ideas y sugerencias

Vorsicht bei Wörtern, die ähnlich sind wie im Deutschen oder einer anderen dir bekannten Sprache: Oft gibt es Unterschiede in der Schreibung (z. B. *atención* und englisch *attention*) oder auch im Genus (z. B. *un minuto* aber deutsch *eine Minute*). So praktisch diese Ähnlichkeiten also für das Verstehen sind, so groß ist die Gefahr, dass sich dabei Fehler einschleichen, die sogar zu Missverständnissen führen können (*una minuta* ist ein Entwurf oder eine kurze Notiz). Präge dir deshalb solche Unterschiede besonders gut ein, z. B. indem du sie in deiner Vokabelkartei durch Unterstreichen hervorhebst.

2 Antes de la fiesta *(G § 39)*

Barbara quiere ir a la fiesta del instituto, pero antes la madre le dice muchas cosas. A es Barbara y pregunta, B es la madre y responde con imperativos según las indicaciones entre paréntesis. A controla también las respuestas de B. (… entsprechend den Angaben in Klammern.)

—¿Puedo quitar la mesa? —Sí, quita todo.	—¿Puedo quitar la mesa? (Sí, quitar todo)
—¿Y adónde pongo las cosas? —Pon todo en la cocina.	—¿Y adónde pongo las cosas? (Poner todo en la cocina)
—¿Ya puedo comer las uvas? —No, espera hasta las doce en punto.	—¿Ya puedo comer las uvas? (No, esperar hasta las doce en punto)
—¿Puedo ir con mis amigos a la fiesta? —Sí, pero vuelve antes del desayuno.	—¿Puedo ir con mis amigos a la fiesta? (Sí, pero volver antes del desayuno)
—¿Me puedes dar dinero? —Sí, coge 2.000 ptas.	—¿Me puedes dar dinero? (Sí, coger 2.000 ptas.)
—¿Puedo coger Cds y cintas para la fiesta? —Sí, pero ten cuidado.	—¿Puedo coger Cds y cintas para la fiesta? (Sí, pero tener cuidado)
—¡Llaman a la puerta! ¡Adiós! —Espera. Haz entrar a tus amigos un momento.	—¡Llaman a la puerta! ¡Adiós! (Esperar / Hacer entrar a tus amigos un momento)
—¡Pero mamá! Ellos esperan en el coche. —Entonces, adiós. Piensa en las llaves y diviértete.	—¡Pero mamá! Ellos esperan en el coche. (Entonces, adiós / Pensar en las llaves … y diviértete)

hacer entrar a alguien jdn. hereinbitten – **una llave** Schlüssel – **diviértete** amüsier dich

3 ¡Atención! (G § 39)

En clase vuestro profesor o vuestra profesora de español os dice muchas cosas con imperativos. ¿Qué os dice?
Z. B.: ihr sollt eine Kassette anhören, einen Text auf ein Blatt Papier schreiben, auf Fragen antworten, den Text auf Seite 46 lesen, die Übung 9 machen, das Buch aufschlagen, eure Mitschüler oder Mitschülerinnen fragen … Fällt euch noch mehr ein?

¡Cuidado!
Verneinte Imperative werden auf Spanisch mit einer anderen Verbform gebildet, die du erst später lernst.
Bis auf weiteres gilt also:
Positiv denken!

4 Aparato de verbos (G §§ 29, 30, 41, 42)

Dieser Verbsortierapparat soll Verben nach den Besonderheiten ihrer Konjugation sortieren. In welche Spalte müssen die Verben aus dem Trichter fallen? Trage sie an der richtigen Stelle ein.

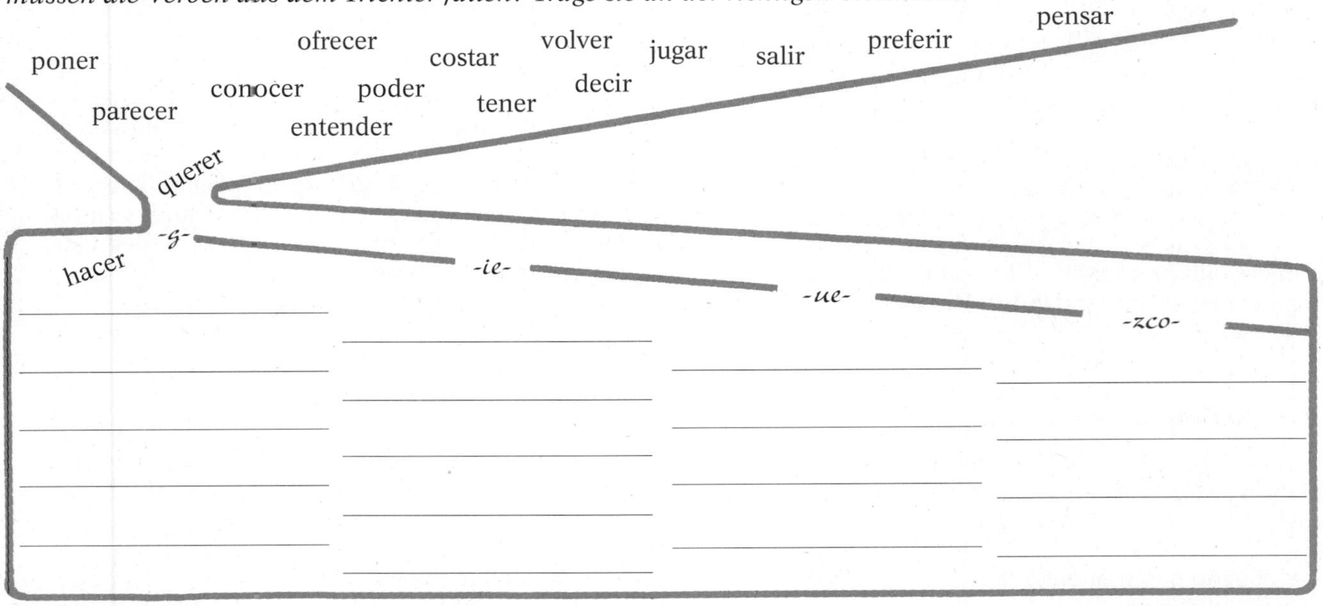

5 Una palabra por otra

Ersetze die kursiv gedruckten Wörter durch den passenden Ausdruck aus den Sprechblasen.

¡Vale! ¡Venga! ¡De verdad? ¡No importa! ¡Estupendo! ¡Espera! ¿Qué te parece? ¿Qué os ofrezco? ¡Deprisa!

1. —¿*Qué vais a tomar*? ¿Un zumo de naranja? ______
   —*Sí, un zumo de naranja* y una coca-cola para Barbara. ______
2. —En Nochevieja vamos a hacer una fiesta en el instituto. ¿*Tú qué piensas*, Chema? ______
   —*¡¡¡Bieeeen!!!* ______
3. —El concierto es a las 20:00 h. y ya son las 19:45. ¡*En marcha!* ______
   —Pero aquí no tengo dinero, sólo 500 ptas.
   —*Es igual*, yo tengo. *Vamos*. ______
4. —¿Puedo empezar ya? —No, *todavía no*, … ahora. ______
5. —A la fiesta va a venir Rubén con un amigo peruano. —¿*Sí*? ______

empezar (-ie-) anfangen

6 Kannst du's? (G §§ 42, 43)

Traduce estas frases. ¡Atención al verbo können*!*

1. Mama, kann ich morgen zu Michaela gehen? Sie kann sehr gut Englisch, und wir wollen die Englischübungen machen. ______
2. Könnt ihr einen Augenblick herkommen? ______
3. Pedro kann nicht zum Fest kommen. ______
4. Freundinnen und Freunde können zuhören. ______
5. Mit dem Geld können wir uns endlich eine Stereoanlage kaufen. ______
6. – Können Clara und Mario eine Paella für das Fest machen? – Nein, sie können nicht, sie haben keine Zeit. – Und ihr? – Wir? Wir können keine Paella zubereiten! ______
7. Kannst du nicht lesen? Hier kannst du nicht hineingehen! ______
8. Viele Leute können heute nicht mehr auf dem Land leben, weil es (zu) wenig Arbeit gibt. ______

7 ¡Siempre no! (G §§ 42, 43)

En la fiesta del instituto, Ramón habla con Julia y le propone muchas cosas, pero Julia dice siempre «no». Escribe tú las excusas de Julia. Utiliza saber *o* poder *en cada frase. (... die Ausreden von Julia. Verwende ... in jedem Satz.)*

1. —¿Por qué no vamos a la barra? –Ahora no puedo, espero a Pilar.
2. —¿Por qué no bailamos? – ______
3. —¿Por qué no hablamos con el amigo inglés de Chema? – ______
4. —¿Por qué no jugamos al tenis mañana? – ______
5. —¿Entonces, por qué no vamos al cine mañana por la tarde? – ______
6. —¿Por qué no vienes a mi casa mañana por la mañana y escuchamos música? – ______
7. —Y pasado mañana, por la mañana o por la tarde, ¿vamos a la piscina? – ______
8. —¡Siempre no! Entonces, ¿por qué no te quedas en casa? – ______

te quedas du bleibst – **pasado mañana** übermorgen

8 ¿Una historia de amor? *(G § 40)*

Pon la preposición a *para el complemento directo si es necesario. (Setze die Präposition* a *für das direkte Objekt ein, wo nötig)*

Dos días después de la fiesta, Pilar va a la compra. En una calle cerca del mercado ve _____ Ramón.

—Hola, Ramón, ¿qué tal? ¿Buscas _____ algo?

—Eeh, mmmh, sí, busco _____ una casa. Espero _____ Julia. No, sí, ... en fin... busco _____ la casa de Julia.

—Te voy a enseñar _____ la casa. Mira, allí. ¿Ves _____ aquella ventana, sobre la puerta? Es su habitación. ¿Julia te gusta, eh? No entiendo _____ los chicos: Sólo miráis _____ las chicas guapas.

—Pero Julia no sólo es guapa, también es muy simpática. Yo prefiero _____ las chicas guapas y simpáticas.

—Entonces, ¿por qué no llamas _____ Julia?

—¡¿Llamar _____ Julia?! ¡No conoces _____ sus padres, seguro!

—Sí, y ahora mismo vamos a visitar _____ Julia. Te voy a presentar a sus padres. ¡Ánimo!

¡ánimo! nur Mut!

9 Julia y Ramón

Julia y sus padres no están en casa y Ramón no puede hablar con ellos. Unos días después llama a Julia por teléfono. Reconstruye el diálogo. (... Setze den Dialog richtig zusammen.)

___ ¿Por qué no me presentas a tus padres? Entonces no vamos a tener problemas, seguro.

___ ¿Quién?

___ ¿Tarde? ¿Qué dices?

___ A las 9 y media.

___ Ah, sí. ¿Qué tal?

___ Tú no conoces a mis padres. ¡A las 10 en casa!

___ Bien, gracias. Oye, Julia, no quieres venir esta noche al cine. Ponen una película de Andy García.

_1._ Hola Julia, soy Ramón.

___ No sé, ¿a qué hora?

___ Ramón, el de la fiesta de Nochevieja en el instituto.

___ Uhhh, no, no puedo. Es muy tarde.

___ Vale. Ven a las nueve.

10 Otra manera de pasar la fiesta... *(Eine andere Möglichkeit, das Fest zu verbringen ...)*

Mira el dibujo de Juan Ballesta a la izquierda y escribe un pequeño texto. Piensa en esto: ¿Qué o quién hay en el dibujo? ¿Qué hace(n)? ¿Qué no es normal? ¿Por qué el autor dibuja a las personas/cosas/la situación así? ¿Qué quiere decir con este dibujo? (No es necesario responder a las preguntas una después de otra.)

En el dibujo vemos ______________________________

UNIDAD 5 A

1 San Fermín

Completa la canción. Utiliza las primeras frases como modelo. (... Verwende die ersten Sätze als Modell.)

Uno de enero,
dos de febrero,
tres de ________________
cuatro de ________________
________________ de ________________
________________ de ________________
________________ de ________________
San Fermín.

2 Días importantes

Días importantes del año

13-2	Día del Cine
23-4	Día del Libro
1-5	Día del Trabajo
16/22-6	Semana de la Música
16-9	Día Nacional de México
12-10	Día de la Hispanidad
2-11	Día de los Muertos en México
25-12	Navidad

la Hispanidad las personas, culturas... de España y la América de lengua española – **un muerto** Toter

Escribe estas fechas en letra. (Schreibe diese Daten aus.)

El trece de febrero es el Día del Cine.
____
____
____
____
____
____
____

Dulces para el Día de los Muertos en México

3 Con todo *(Alles in allem)* *(G § 48)*

a) Completa las formas de todo.

1. Tod____ la clase quiere trabajar para el medio ambiente. Tod____ los alumnos y alumnas plantan árboles en una calle nueva de la ciudad. Trabajan tod____ el domingo.
2. Chema hace tod____ los deberes tod____ los días. Pero no estudia tod____ el día.
3. Tod____ la clase de Hamburgo viene a Salamanca. Tod____ los alumnos y alumnas viven en familias españolas.
4. Tod____ las chicas de la clase están enamoradas de Ramón, pero de tod____ (las chicas) él prefiere a Julia.

b) Traduce las frases en tu cuaderno. (Übersetze ...)

estar enamorado, -a de alguien in jdn. verliebt sein

4 Actividades diarias

Combina las sílabas para formar la traducción de las palabras alemanas. (... die Silben, so dass sie ... ergeben.)

a – ce – char – co – cos – de – di – diar – dor – du – es – le – lir – mer – mir – nar – nar – sa – sa – se – se – se – se – tar – tar – tir – tu – van – ver – yu

aufstehen ________________	ausgehen ________________
duschen ________________	zu Bett gehen ________________
frühstücken ________________	sich amüsieren ________________
(zu Mittag) essen ________________	lernen ________________
zu Abend essen ________________	schlafen ________________

5 ¿Os divertís? (G § 45)

a) Pon las formas correctas de los verbos reflexivos.

b) Escribe un pequeño texto (4 a 5 frases) sobre uno de los dibujos: ¿Dónde están las personas? ¿Qué pasa? ¿Qué van a hacer?

____

____

____

____

____

____

____

____

____

6 ¿Un tenista conocido del futuro? (G § 45)

Jordi tiene 15 años y juega muy bien al tenis. La revista «Jóvenes» lo ha entrevistado. Pon las formas correctas de los verbos indicados. (… hat ihn interviewt. Setze die angegebenen Verben in die richtige Form.)

Reportera: Jordi, la vida de un tenista no es fácil, ¿no? ¿A qué hora ______ (levantarse) tú y tu familia?

Jordi: No, no es muy divertida, la verdad. Mis padres y yo ______ (levantarse) a las 7 y desayunamos. Mis hermanos ______ (levantarse) más tarde, pero a esa hora yo ya estoy en el polideportivo, después ______ (ducharse) y las clases ______ (empezar) a las 9. ______ (volver) a casa a las 3:15, como con mi familia y a las 4:30 mi madre me lleva al club de tenis. ______ (quedarse) allí hasta las 8 o las 9.

Reportera: 4 ó 5 horas. ¿No ______ (aburrirse)?

Jordi: No, no… Tengo muchos amigos en el club y juntos ______ (divertirse) mucho.

llevar a alguien a un sitio jdn. an einen Ort bringen
juntos, -as zusammen

Reportera: ____________ (acostarse) muy tarde, entonces.

Jordi: Normal, en casa hago los deberes, ceno y ____________ (acostarse).

Reportera: ¿Y los fines de semana?

Jordi: Como otros chicos de mi edad, ____________ (divertirse). Mis amigos y yo salimos los viernes o los sábados por la tarde y ____________ (quedarse) hasta las 11 o las 12. Y los domingos estoy muy cansado y ____________ (dormir) mucho porque los lunes ____________ (empezar) otra semana llena de clases y de tenis.

Ideas y sugerencias

Beim Gebrauch von *ser* und *estar* helfen die Regeln nicht immer eindeutig weiter (und beim Sprechen bleibt meistens auch keine Zeit an Regeln zu denken). Notiere dir deshalb interessante Sätze (z. B. aus dem Lehrbuch, einer Lektüre, aus Briefen spanischer Brieffreundinnen und -freunde usw.) und versuche sie dir zu merken. Sie können dir im Gespräch oder auch bei einer Klassenarbeit nützlich sein. Dies gilt natürlich auch für andere grammatische Strukturen. Schreibe die Sätze, die du gefunden hast, auf die entsprechende Karteikarte deiner Vokabelkartei oder lege dir dein eigenes Grammatik-Heft an.

7 Con un poco de suerte (G §§ 46, 47)

Alex y Bea hablan en la calle.
Rekonstruiert ihren Dialog. Arbeitet zu zweit. Faltet die Übung an der Mittellinie oder deckt eine Spalte ab. A beginnt, B antwortet mit Hilfe der Angaben in Klammern, dann beginnt B und A antwortet usw. Setzt für die Antwort das Verb im Infinitiv in die richtige Form und ersetzt das Zeichen Δ durch ser *oder* estar.

1. A: ¡Hola, Bea! ¿Qué tal? Pareces cansada. B: (Sí, los fines de semana duermo poco y por eso siempre estoy cansada los lunes.)	1. A: ¡Hola, María! ¿Qué tal? Pareces cansada. B: (Sí, los fines de semana / dormir poco y siempre / Δ cansada los lunes.)
2. B: ¿Adónde vas? ¿A la compra? A: (No, / ir más tarde, porque el supermercado / Δ lleno a estas horas.)	2. B: ¿Adónde vas? ¿A la compra? A: (No, voy más tarde, porque el supermercado está lleno a estas horas.)
3. A: Voy a la biblioteca. Quiero leer un cómic de Quino. ¿Conoces a *Mafalda*? B: (Claro, *Mafalda* es muy conocida y además los cómics de Quino son muy divertidos.)	3. A: Voy a la biblioteca. Quiero leer un cómic de Quino. ¿Conoces a *Mafalda*? B: (Claro, *Mafalda* / Δ muy conocida y además los cómics de Quino / Δ muy divertidos.)
4. B: ¿Vamos a tomar algo al café La Rana? A: (No poder, / porque no Δ abierto los lunes.)	4. B: ¿Vamos a tomar algo al café La Rana? A: (No podemos, porque no está abierto los lunes.)
5. A: Es verdad. ¿Qué te parece el Abadía? B: (¿Por qué no? Es precioso y la gente es muy divertida: Siempre está lleno.)	5. A: Es verdad. ¿Qué te parece el Abadía? B: (¿Por qué no? / Δ precioso y la gente / Δ muy divertida: Siempre / Δ lleno.)
6. B: ¿Sabes?, Barbara tiene visita, un amigo de Alemania. A: (Sí, / Δ muy contenta.)	6. B: ¿Sabes?, Barbara tiene visita, un amigo de Alemania. A: (Sí, está muy contenta.)
7. A: ¿Vamos? ¿Qué piensas de la nueva profesora de alemán? B: (No estoy satisfecha de ella, porque pone muchos deberes. Pero los profesores son así.)	7. A: ¿Vamos? ¿Qué piensas de la nueva profesora de alemán? B: (No Δ satisfecha de ella, porque / poner muchos deberes. Pero los profesores / Δ así.)
8. B: Sí, vamos al Abadía. Con un poco de suerte, Barbara / Δ también allí y puede ayudarnos.	8. B: Sí, vamos al Abadía. Con un poco de suerte, Barbara está también allí y puede ayudarnos.

puede ayudarnos kann uns helfen

El puente El Alamillo por la noche

8 ¡Es más o menos eso! *(G § 49)*

Compara los objetos o personas en cada línea utilizando uno de los adjetivos de la lista. Utiliza más o menos. *(... und verwende dazu jeweils eines der Adjektive ...)*

bueno – difícil – guapo – malo – caro ✓ – dulce – viejo – alto – barato

1. manzanas/peras *Las manzanas son menos caras que las peras.*
2. Puente Romano de Salamanca/Puente El Alamillo de Sevilla
   El Puente Romano de Salamanca es más ______
3. Barbara/Jesús ______
4. ejercicios de inglés/deberes de alemán ______
5. Antonio Banderas/E.T. ______
6. comida en un restaurante/hamburguesas ______
7. notas de Barbara en español/sus notas en alemán ______
8. limones/uvas ______
9. bocadillo/paella ______

9 El pueblo y la ciudad *(G § 49)*

Escribe un texto de unas 10 frases sobre las diferencias entre pueblo y ciudad. Utiliza más/menos + sustantivo *lo más posible (... möglichst oft).*

10 La carta a la clase

a) *Estas líneas pueden ser los títulos de los párrafos de la carta de Barbara a su antigua clase en Hamburgo. Numéralos según el orden de la carta. (... der Abschnitte ... Nummeriere sie gemäß der Reihenfolge ...)*

____ Un día normal en la vida de Barbara en Salamanca.

____ Las clases y las notas en Alemania y España.

____ Propuesta de una visita de su antigua clase a Salamanca.

____ Los fines de semana en Salamanca.

____ Las diferencias entre Salamanca y Hamburgo; los problemas de Barbara al principio en Salamanca.

b) Haz una frase completa de cada título y escribe una frase más sobre lo que es importante en el párrafo. (... über das, was in dem Abschnitt wichtig ist.)

primero / después / entonces / luego
describir / hablar de / dar un ejemplo de / dar información sobre / volver a (un tema)

11 A ver...

Busca la expresión que corresponde a la situación descrita en la lista de abajo. A veces hay dos o tres expresiones para una situación. (... den Ausdruck, der zu der Situation passt, die in der Liste unten beschrieben ist. Manchmal ...)

1. nach dem Befinden fragen e, ________
2. Begrüßungsformel im Brief ________
3. Aufmerksamkeit erregen ________
4. Zufriedenheit ________
5. Bedauern ________
6. Bestätigung ________
7. Erleichterung ________
8. überlegen, zögern ________
9. etwas widerwillig zugeben oder zulassen ________
10. sich verabschieden ________
11. einen Brief beenden ________
12. Selbstverständlichkeit ________

a. ¡Mala suerte!
b. ¡Hola!
c. ¡Por fin!
d. ¡Claro que sí!
✓e. ¿Qué tal?
f. Adiós.
g. ¡Cuidado!
h. Estoy satisfecho.
i. Muchos besos.
j. Cómo no.
k. A ver...
l. Bueno, bueno.
m. Estoy contenta.
n. Hasta pronto.
o. Seguro.
p. ¿Cómo estás?
q. Un abrazo.
r. ¡Atención!
s. Hasta luego.
t. ¡Mira!
u. ¡Pobre!

12 Punto de encuentro (*Treffpunkt*)

En el punto de encuentro, una revista para jóvenes publica cartas de los lectores. Aquí hay algunos ejemplos. Lee estas cartas y escribe una respuesta a una de las personas. (... veröffentlicht die Zeitschrift Leserbriefe ...)

¡Hola! Me llamo Nuria (16) y quiero formar un club de amigos. Busco juegos de todo tipo (también de ordenador) para intercambiar con vosotros.
Nuria Fernández, c/Granadilla, 6, 2° C, 28220 Majadahonda (Madrid)

¡Hola! Me llamo José y tengo casi 15 años. Me gusta mucho ver la televisión, sobre todo películas de ciencia ficción, pero también los programas de animales. Tengo un perro.
Mi dirección es:
José Santos, Avda. Aragón, 26, 2° 2ª, 46021 Valencia

¡Hola! Soy Patricia (14) y me encanta la música. Conozco todas las canciones de Mecano y de los Back Street Boys. Si te gustan también, escribe a: Patricia Morago, c/San Juan Pérez de Zurita, 118, 14193 La Golondrina (Córdoba)
Prometo contestar a todas las cartas.

¡Hola! Soy Óscar, tengo 16 años y me gustaría cartearme con gente de todos los países y edades. Si os gusta el deporte (sobre todo el tenis) y os interesan proyectos de medio ambiente, escribid a: Oscar Tous, Avda. Mesa y López, 43, 2° F, 3510 Las Palmas de Gran Canaria.

UNIDAD 5B

1 Rosa, Pablo y Maribel

Lee otra vez el texto en el libro del alumno, página 57 y escribe la información sobre Rosa, Pablo y Maribel en la casilla que corresponde a cada tema (... in das Kästchen, das jedem Thema entspricht).

	Rosa	Pablo	Maribel
edad			
formación			
familia			
trabajo (actual o en el futuro)			
da importancia a...			

2 Regalos para todos (Geschenke für alle) (G § 53)

Antes de una fiesta en familia, el padre y la madre de Fede preparan los regalos. Discuten: «¿Qué es para quién?» y ponen un papel con el nombre en cada cosa.
Haz el diálogo entre el padre y la madre. Utiliza para + pronombre personal en cada frase.

–¿Las cintas son para Olga? –Sí, son para .

3 Buscar trabajo no es fácil. *(G § 50)*

a) ¿Qué hay que hacer para encontrar un empleo? Aquí hay algunos consejos. (... um eine Arbeitsstelle zu finden? Hier sind einige Ratschläge.)

1. sacar buenas notas
2. llamar al Instituto Nacional de Empleo
3. informarse sobre profesiones interesantes
4. leer los anuncios en el periódico
5. preguntar a compañeros que ya tienen un empleo
6. hablar con los profesores sobre el problema
7. poner un anuncio en el tablón de anuncios del hipermercado
8. preguntar en los bares, restaurantes y otros sitios
9. preparar la entrevista

el Instituto Nacional de Empleo Arbeitsamt – **el tablón de anuncios** schwarzes Brett

Para encontrar un empleo hay que sacar buenas notas. Hay que

b) Escribe 5 frases sobre uno de estos temas en tu cuaderno. Utiliza tener que *en cada frase.*

¿Cómo podemos aprobar el curso? ¿Cómo puedo ser feliz?

aprobar el curso das Klassenziel erreichen

4 Profesiones

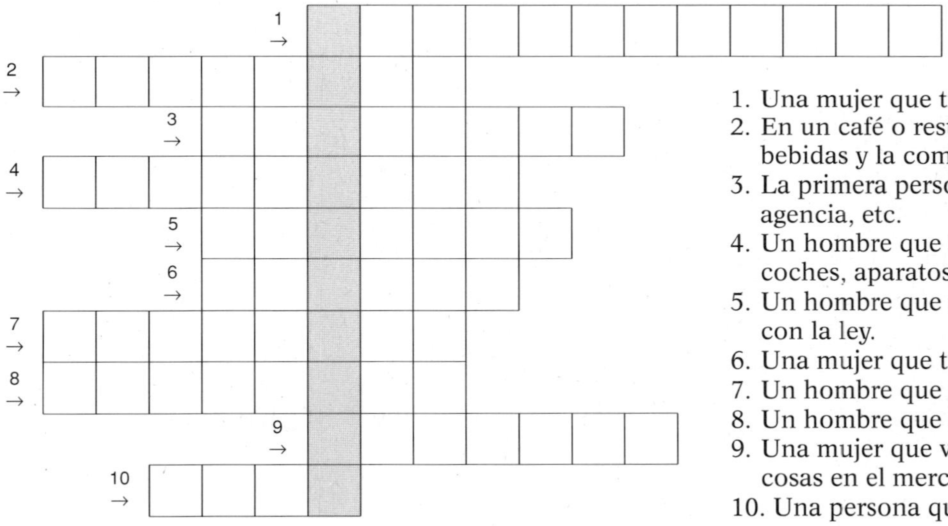

1. Una mujer que trabaja con ordenadores.
2. En un café o restaurante, un hombre que lleva las bebidas y la comida a la mesa de los clientes.
3. La primera persona en un instituto, un museo, una agencia, etc.
4. Un hombre que hace los planos para puentes, coches, aparatos, etc.
5. Un hombre que ayuda a las personas en conflicto con la ley.
6. Una mujer que trabaja en un hospital.
7. Un hombre que repara coches.
8. Un hombre que da clases de alemán, inglés, física...
9. Una mujer que vende fruta, queso, jamón y otras cosas en el mercado.
10. Una persona que enseña la ciudad a los turistas.

un hombre Mann – **primero, -a** erste/r/s – **ayudar** helfen – **la ley** Gesetz

Die grau unterlegten Kästchen von oben nach unten gelesen ergeben einen weiteren Beruf. Welchen? (Versuche ihn mit Hilfe eines Wortes zu verstehen, das du schon kennst und das die Arbeitsstelle einer Person mit diesem Beruf bezeichnet.) Erkläre den Beruf auf Spanisch.

Un ______ *es una persona* ______

Ideas y sugerencias

Wörter, die im Spanischen auf *-ma* enden (z. B. *el idioma, el tema, el programa* u. v. a.) sind maskulin, obwohl sie auf *-a* enden, weil sie aus dem Griechischen stammen und dort schon maskulin waren. Solche Erklärungen können dir helfen, scheinbar unregelmäßige Genera zu verstehen. Wenn du solche Erklärungen nicht kennst, kannst du dir selbst eine Erklärung (eine sog. „Eselsbrücke") ausdenken, z. B. weshalb Substantive oder Adjektive auf *-ista* nur eine Endung für maskuline und feminine Formen haben. Überprüfe jedes neue Wort mit der gleichen Endung, ob deine „Regel" auch hier gilt.

5 Todo es relativo (G § 54)

a) Aquí hay ocho personas del texto «La vida no es fácil para los jóvenes». Explica quiénes son y qué hacen. Utiliza oraciones de relativo. (… Erkläre, wer sie sind und was sie tun. Verwende Relativsätze.)

Ésta es Rosa, una chica que quiere ser médica.

b) Escribe 6 oraciones de relativo más con la información del texto. Haz una frase sobre cada persona (o más de una frase sobre algunas personas y deja otras). (… über einige Personen und lass andere weg.)

6 El futuro está en los ordenadores (G § 54)

Verbinde die beiden Sätze durch einen Relativsatz zu einem.

1. Acabo de leer un libro sobre los ordenadores. Este libro es muy interesante.
   El libro sobre los ordenadores que acabo de leer es muy interesante.
2. Los ordenadores van a tener más importancia en el futuro. Ya tienen mucha importancia hoy.
3. Conocemos a muchos profesores. Estos profesores saben menos de ordenadores que sus estudiantes.
4. Muchas personas no van a encontrar trabajo. Estas personas no quieren trabajar con ordenadores.
5. Un médico puede pedir información sobre un paciente a otro médico. Este médico tiene ordenador y módem.
6. La internet te puede poner en contacto con otra persona. Esta persona, a lo mejor, habla otro idioma.
7. Vamos a trabajar con ordenadores en las clases. Estas clases van a ser más divertidas.

¿El futuro va a ser así? ¿Quién sabe?

pedir algo a alguien – jdn. um etw. bitten

7 Por desgracia no puedo. *(G § 51)*

Da la respuesta (positiva o negativa) con la información entre paréntesis como en el ejemplo.

1. ¿Vamos al cine hoy? Ponen *El camino* y parece muy buena. (ver esta película) *No, acabo de ver esta película.*
2. ¿Vais a ir al museo? (comprar las entradas) *Sí,* ______
3. ¿Vamos a comer en una hamburguesería? (cenar con mis padres) ______
4. ¿Compras la fruta para la macedonia? (Pedro y Merce/ir a la compra) ______
5. ¿Tienes ganas de jugar al tenis? (Rosa/llamar y tenemos que estudiar)

   ______
6. ¿Buscáis un trabajo? (terminar la formación profesional) ______
7. ¿Tienes ganas de ir al concierto de Enrique Iglesias? (comprar una cinta y me gusta mucho)

   ______

8 Una solicitud de beca *(Ein Stipendienantrag)*

a) Versuche bei dem Auszug aus einem Stipendienantrag bei möglichst vielen Angaben zu verstehen, worum es geht (dazu ist es nicht nötig, jedes Wort zu kennen).
b) Escribe un texto de 5 a 10 frases sobre esta persona: ¿quién es?, ¿dónde vive?, ¿qué estudia?, etc.

MINISTERIO DE EDUCACIÓN Y CULTURA

SOLICITUD DE BECA O AYUDA AL ESTUDIO
CURSO 1996-97
RENOVACIÓN

Pág. 1

DEBERÁ OBLIGATORIAMENTE CUMPLIMENTAR ESTE IMPRESO EN LETRA DE IMPRENTA, LEA ATENTAMENTE LAS INSTRUCCIONES EN FOLLETO ADJUNTO

1 ESTUDIOS

UNIVERSIDAD DONDE REALIZARÁ EL CURSO 1996/97 (Sólo para nivel universitario) ... UNIVERSIDAD DE SEVILLA ... ZONA

PROVINCIA EN QUE RADICA EL CENTRO EN QUE CURSARÁ LOS ESTUDIOS EN 1996/97 (Todos los niveles) ... SEVILLA ... ZONA

A DATOS PERSONALES

PRIMER APELLIDO: LÓPEZ — SEGUNDO APELLIDO: HURTADO

NOMBRE: ANA ISABEL — TIPO DE VÍA: 1 — DOMICILIO FAMILIAR: NOMBRE DE LA VÍA: SANTA CLARA

NÚMERO: 44 — ESCALERA: / — PISO: 2º — LETRA: A — LOCALIDAD: SEVILLA — C. POSTAL: 41002 — PROVINCIA:

FECHA DE NACIMIENTO (DÍA MES AÑO): 28 / X / 74 — SEXO H M: X (M) — TRABAJÓ EN 1995: SÍ 1 NO X 2 — PERCIBIÓ PRESTACIONES POR DESEMPLEO EN 1995: SÍ 1 NO X 2 — PROFESIÓN PERSONA PRINCIPAL DE LA FAMILIA (Ver pág. 9 del folleto): 51 — TELÉFONO: 411 4385

Marque una X donde corresponda

CUENTA O CARTILLA Y ENTIDAD DONDE DESEA PERCIBIR LA BECA
No olvide adjuntar fotocopia del CCC (Código Cuenta Cliente) que le facilitará su Entidad Bancaria.

NIF DEL SOLICITANTE: 5071279 1E — ENTIDAD: 1232 — OFICINA: 0012 — DÍGITO CONTROL: 84 — N.º DE CUENTA: 0059214090 — *El solicitante deberá ser titular o cotitular de la cuenta.*

DATOS DEL PADRE, MADRE O TUTOR

PRIMER APELLIDO: LÓPEZ — SEGUNDO APELLIDO: ORDÓÑEZ

NOMBRE: FRANCISCO — NIF: 05394593-C

B DATOS ACADÉMICOS

DISFRUTÓ DE BECA EN EL CURSO 1995/96: SÍ X 1 NO 2 — CUANTÍA 261000 PTAS.

POSEE ALGÚN TÍTULO ACADÉMICO: SÍ NO X — DIGA CUAL ...

ESTUDIOS QUE DESEA CURSAR EN 1996/97 ... CIENCIAS ECONÓMICAS ...

CURSO ... 4º — MATRÍCULA: OFICIAL X 1 LIBRE 2 — CICLO: INICIO I, MEDIO M, FINAL X F

CENTRO EN EL QUE CURSARÁ ESTUDIOS EN 1996/97 ... FACULTAD DE C. ECONÓMICAS

RAMA O ESPECIALIDAD ... DIRECCIÓN DE EMPRESAS ...

DOMICILIO DEL CENTRO C/ RAMÓN Y CAJAL, 1 ... LOCALIDAD ... SEVILLA ...

DISTANCIA DEL DOMICILIO FAMILIAR AL CENTRO ... 3 ... KMS.

1 ¿Qué dices?

Busca la respuesta o reacción adecuada.

1. ¿Cuánto cuesta? ❑ Son unos 50. ❑ Es caro. ❑ Son 300 ptas.
2. ¿Vamos al cine? ❑ No importa. ❑ ¡Anda! ❑ Mañana, hoy no ponen películas buenas.
3. ¿De dónde eres? ❑ Soy de Berlín. ❑ Es Hamburgo. ❑ Estoy en Salamanca.
4. ¿Puedo hablar con Luis? ❑ Sí, hablas de Luis. ❑ ¡Por fin! ❑ No está. ¿Quién es?
5. ¿Adónde vais? ❑ Voy a ir a Madrid. ❑ Vamos a la biblioteca. ❑ Estamos en Madrid.
6. Te presento a María. ❑ ¡Qué rollo! ❑ Es simpática. ❑ ¡Hola, María!
7. ¿Te gusta mi jersey? ❑ El gris no me gusta. ❑ Sí, es muy bonito. ❑ Me parece rico.
8. ¿Qué te parece Ramiro? ❑ Es muy simpático. ❑ ¡Siempre igual! ❑ A ver.
9. ¿Nos falta algo? ❑ Eso es todo. ❑ Necesitamos también zumo. ❑ ¡Venga!
10. Es el cumpleaños de Isabel. Tiene 20 años. ❑ ¡Pobre! ❑ ¡Feliz cumpleaños, Isabel! ❑ ¡Atención!

2 Formación y estudios

In der nebenstehenden Schemazeichnung zum spanischen Schulsystem fehlen einige Angaben. Ergänze sie mit Hilfe der Information aus den Texten 5B und 5C des Schülerbuchs.

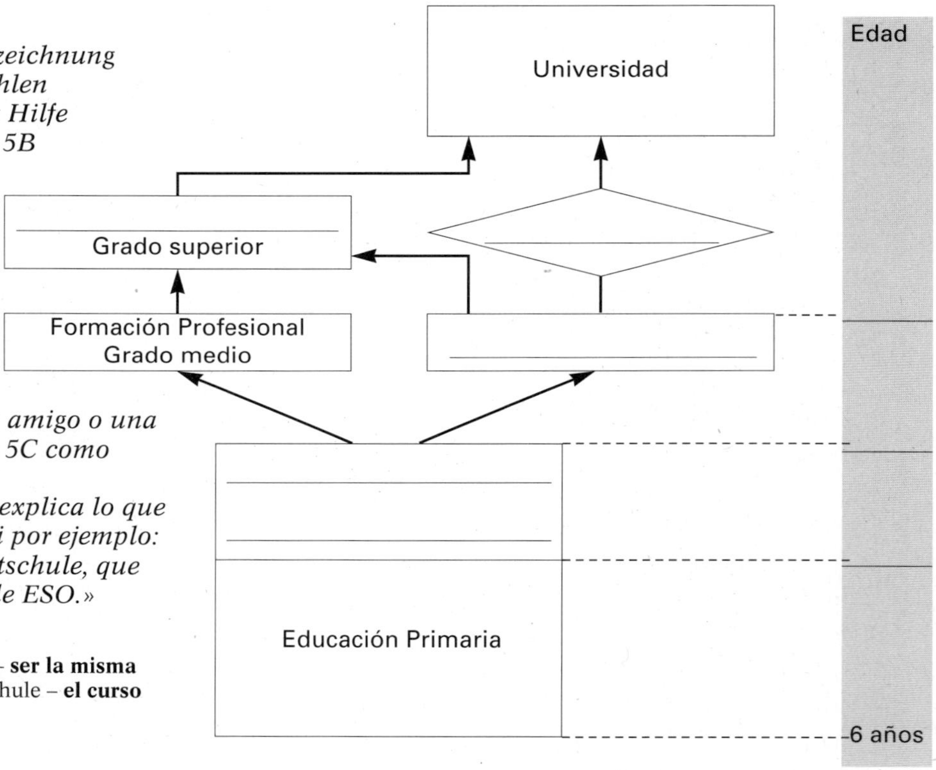

3 Mi carrera escolar

(Meine Schullaufbahn)

Describe tu carrera escolar a un amigo o una amiga española. Utiliza el texto 5C como ejemplo.
Utiliza los nombres alemanes y explica lo que es (... und erkläre, was es ist), di por ejemplo: «Estoy en 5° (quinto) de Gesamtschule, que corresponde más o menos a 3° de ESO.»
Aquí hay algunas palabras:

corresponder a algo etw. entsprechen – **ser la misma cosa** das Gleiche sein – **una escuela** Schule – **el curso** Klasse, Klassenstufe

4 Estudiamos para la vida

mimar verwöhnen – **amar** lieben – **la felicito** ich beglückwünsche Sie – **que** dass – **enséñenos** bringen Sie uns bei – **realmente** wirklich

UNIDAD 6 A

1 ¡Qué familia! (G § 57)

Busca las formas correctas del verbo haber *que faltan en las frases y ponlas en las casillas con el número correspondiente. (... in die Kästchen mit den entsprechenden ...)*

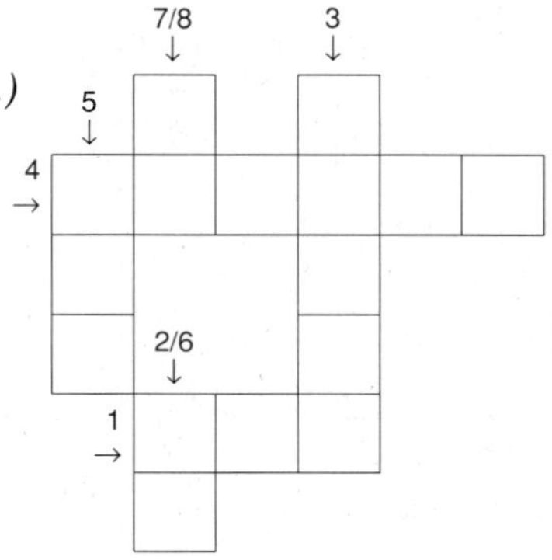

Chema vuelve del instituto.
Madre de Chema: Hola, Chema. Llegas tarde. ¿(1) comprado el pan?
Chema: ¡Anda! no. Es que hoy (2) salido más tarde porque Jesús y yo (3) ido a Cárabo.
Madre: ¿Adónde (4) ido?
Chema: Al grupo ecologista del instituto... y me (5) contado muchas cosas, así que no (6) tenido tiempo.
Madre: Siempre tengo que hacer yo todo. ¿Y tu padre? ¿(7) comprado tu padre la fruta?
Chema: Oh, papá (8) llamado y... no viene. Come con su jefe.
Madre: ¡Qué familia!

el jefe Chef

2 Ha visto muchas cosas (G §§ 56, 57)

Por fin ha venido tu amigo/amiga español/española. Todo el día habéis visitado la ciudad y por la noche él/ella está muy cansado/a y se acuesta a las ocho y media. Poco después llama su madre. Tú no quieres despertar a tu amigo/amiga y cuentas todo: adónde habéis ido, qué habéis visto, qué le ha gustado... Utiliza información sobre tu lugar de residencia o la ciudad más cercana. (... deinen Wohnort oder die nächstgelegene Stadt.)

Por la mañana, primero hemos ______________________

____

____

____

____

____

____

____

3 Objeto numerado

Haz una línea de un número a otro en el orden indicado. Empieza una línea nueva con 1., 2. y 3. (... in der angegebenen Reihenfolge ...)

¿Qué objeto has encontrado?

____

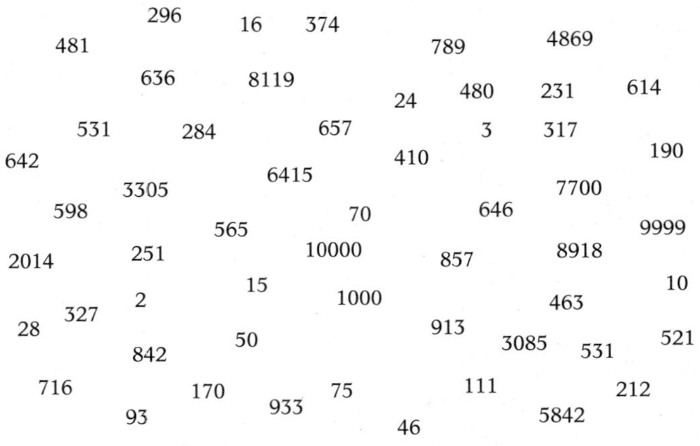

1. tres mil trescientos cinco – quinientos sesenta y cinco – quince – cincuenta – ciento setenta – noventa y tres – setecientos dieciséis – veintiocho – dos mil catorce – quinientos noventa y ocho – tres mil trescientos cinco
2. siete mil setecientos – nueve mil novecientos noventa y nueve – diez – quinientos veintiuno – doscientos doce – cinco mil ochocientos cuarenta y dos – ciento once – novecientos trece – ochocientos cincuenta y siete – seiscientos cuarenta y seis – siete mil setecientos
3. trescientos setenta y cuatro – dieciséis – dos – mil – tres – cuatrocientos ochenta – doscientos treinta y uno – trescientos diecisiete – tres – cuatrocientos sesenta y tres – mil

4 Los medios de transporte *(Transportmittel)*

a) Busca argumentos a favor y en contra de estos medios de transporte y escríbelos en la casilla que corresponde a cada tema, luego busca otros argumentos y anótalos también.(… und schreibe sie in das Kästchen, das jedem Thema entspricht, … notiere auch sie.)

	el coche	la bicicleta	el avión	el tren	el autobús
sitios adonde puedes ir					
precio	bastante caro	barato	muy caro		
medio ambiente					
riesgos					
…					

un riesgo Risiko

b) Compara los diferentes medios de transporte con los argumentos que has encontrado. Escribe 5 frases en tu cuaderno.

El coche es más caro que la bicicleta pero menos caro que el avión.

5 Ich mag dich *(G § 58)*

Completa el diálogo de Barbara y Chema con la forma correcta del verbo entre paréntesis.

Barbara: No, Chema, así no. ________________ (repetir, *imperativo)*: «ich, mich, nicht». Es otro sonido.

Chema: Barbara, yo no ________________ (servir) para los idiomas.

Barbara: Todos ________________ (servir) para todo. Hay que practicar. Venga. ________________ (seguir).

Chema: ¿________________ (repetir) tú también algo?

Barbara: Claro. La erre española es horrible y siempre busco algo con muchas erres, por ejemplo «Ramona Rana Ramírez rema rápido en el río Tormes.» Para el sonido «ch» en alemán te ________________ (servir) la frase «*Ich mag dich, du magst mich nicht*». ¿Qué te parece?

Chema: *Ich mag dich, du magst mich nicht*. Vale. Mañana te ________________ (repetir) la frase, ¿vale? (*Chema quiere irse.*)

Barbara: ¡Ehhh! ¿Ya ________________ (despedirse)?

Chema: Sí. Adiós. *Ich mag dich, du magst mich nicht.* Hasta mañana.

un sonido Laut – **remar** rudern – **rápido** *(adv.)* schnell

Ideas y sugerencias

An Wörter kann man sich oft auch dann gut erinnern, wenn sie einen bildlichen Eindruck im Gedächtnis hinterlassen, z. B. beschriftete Zeichnungen, oder Wörter, die so geschrieben sind, dass ihre Form die Bedeutung zum Ausdruck bringt. Wenn dir solche Formen beim Lernen helfen, dann trage sie auch jeweils in deine Vokabelkartei ein.

6 Palabras dibujadas

a) Pon las palabras que faltan en el dibujo de al lado en las casillas grises. (... in die grauen Kästchen.)

b) ¿Qué palabras están en estos dibujos?

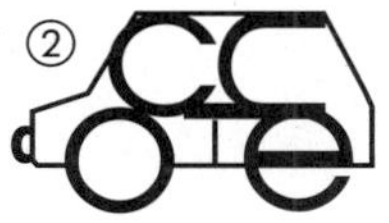

① ______

② ______

③ ______

c) Denke dir selbst Formen nach dem Vorbild von Aufgabe b) aus, z. B. mit folgenden Wörtern:

1. el sol
2. la música
3. el semáforo
4. la esquina
5. un árbol
6. un ordenador

7 Ir go ten mé que di al co

a) Bringe die Silben jeweils in die richtige Reihenfolge. (Sie haben alle etwas mit Krankheit oder einem Arztbesuch zu tun.)

1. ir go ten mé que di al co *tengo que ir al médico*
2. ¿le de te dón due? ______
3. lla due ro me di la le ______
4. una he da ner ri te ______
5. ner mo tón un te ra ______
6. ve gra ser ______
7. na la es ta pier ro tá ______
8. es lle yo una ca var la ______
9. tal hos ir pi al ______
10. a mar lan cia una lla bu am ______

b) No estás bien y vas a ver al médico. Haz un pequeño diálogo con él. Puedes utilizar también las palabras del ejercicio 7a o del ejercicio 6.

8 Para-frases (G § 59)

En la vida hay que fijarse objetivos. ¿Para qué quieres estudiar español?, ¿para qué sales el domingo? Escribe 2 ó 3 frases para cada actividad. Utiliza para + infinitivo. *(... sich Ziele setzen ...)*

estudiar español *Estudio español para hablar con amigos españoles, para* ___

___

salir el domingo ___

___

escribir cartas o llamar por teléfono ___

___

vivir solo/con amigos/con los padres ___

___

solo, -a allein

9 En el hospital

a) Después de su accidente, Barbara tiene que quedarse unos días en el hospital. En su cuarto hay una chica. Escribe el diálogo de las dos con la ayuda de la información en alemán.

Barbara begrüßt das Mädchen, stellt sich vor und fragt das Mädchen, wie es heißt.

Das Mädchen heißt Merce und liegt schon 2 Wochen im Krankenhaus. Sie will wissen, weshalb Barbara im Krankenhaus ist.

Barbara erzählt kurz von ihrem Unfall und fragt Merce, warum sie einen Gips am rechten Bein hat.

Merce berichtet von ihrem Sturz von einem Baum und bietet Barbara Schokolade an.

Barbara nimmt dankend an und beide genießen ihre Schokolade.

b) Inventa tres partes de diálogo más y añádelas. (Erfinde drei weitere Dialogteile und füge sie hinzu.)

UNIDAD 6 B

1 La araña ha muerto (Die Spinne ist gestorben) (G § 61)

Pon las formas del participio pasado en los sitios indicados por la primera letra. (... Stellen, die durch den ersten Buchstaben angegeben sind.)

escribir	poner
hacer	ver
morir ✓	volver

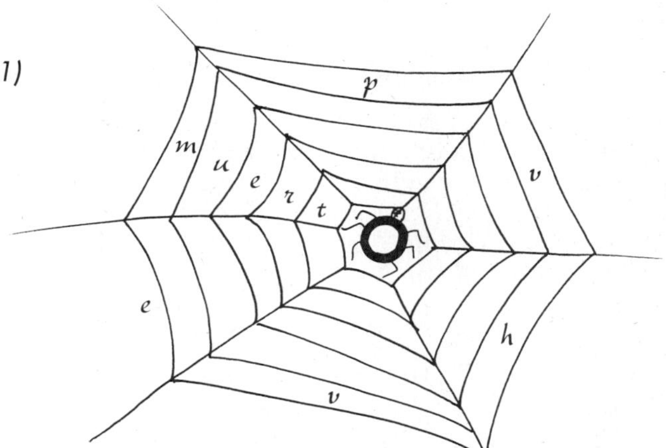

2 Las fotos del detective (G §§ 57, 61)

El día antes de la muerte del multimillonario Archi, el detective Gaspar Soriano ha observado a María Archi. Aquí están sus fotos con algunas notas. Tiene que escribir un informe para el señor Archi. Escribe tú este informe para él en tu cuaderno. Utiliza «hoy», «esta tarde», «a las ...».

una parada Haltestelle
una tienda Geschäft
un bolso Tasche

3 En el laberinto

El pequeño Javi se ha perdido en el laberinto de un parque de atracciones. ¿Cómo puede salir? Ayúdalo. Trabajad en parejas: A es Javi, B ayuda. (… hat sich verlaufen …)
B erklärt, wohin A gehen muss, und A zeichnet den Weg mit einem Bleistift in das Labyrinth. Tauscht nach 5 Minuten die Rollen, radiert die Linien aus und beginnt von Neuem. (Es gibt mehrere Lösungen)

4 Órdenes en casa y en el instituto. (Befehle …) (G § 62)

¿Qué se dice en estas situaciones? Utiliza imperativos. (Was sagt man …)

1. Un día toda la clase no ha hecho los deberes de español. La profesora os dice: *Vale, entonces dadme los deberes mañana.*
2. Un compañero no ha entendido un ejercicio de física, pero tú sí. Él te pregunta: ______ *este ejercicio, por favor.*
3. Son las 9 de la noche y dos amigas están en tu casa. Tu familia va a cenar. Tu madre les dice a tus amigas: ______ *y cenad con nosotros.*
4. La hermana pequeña de Pilar se ha ensuciado el jersey. La madre les dice a Pilar y a Barbara: ______ *otro jersey, por favor.*
5. Un amigo que vive en otra ciudad ha venido. Tu padre te dice: ______ *la ciudad mañana.*
6. Hoy no has podido ir a clase. Algunos amigos quieren visitarte y llaman por teléfono. Tu madre les dice: ______ *los apuntes de hoy.*
7. Tus padres han ido de compras. Vuelven a casa, las manos llenas de bolsas. En la puerta llaman y dicen: ______ *la puerta, por favor.*
8. Los abuelos están de visita. Os dan dinero a ti y a tu hermana y dicen: ______ *algo bonito.*

Ideas y sugerencias

Würdest du manchmal gern etwas nachlesen, was schon vor längerer Zeit durchgenommen wurde, aber du weißt nicht mehr, in welcher Lektion? Dabei kann dir der Index des Grammatischen Beihefts (S. 43–46) helfen. Dort sind die Inhalte alphabetisch nach Stichwörtern verzeichnet. Der Vorteil gegenüber dem Inhaltsverzeichnis: Du findest dort alle Stellenangaben auf einen Blick, z. B. beim Stichwort „Imperativ“ nicht nur die Stellung der Pronomen (die du in der vorausgehenden Übung geübt hast), sondern auch den Verweis auf die Bildung der Formen (die du vielleicht vergessen hattest). Sogar einzelne Verben, Adjektive oder andere Wörter mit schwierigen Formen sind dort verzeichnet. Einen solchen nützlichen Index gibt es in vielen Nachschlagewerken.

5 Relaciones con España *(G §§ 63–65)*

Hast du schon einmal …

1. … eine Reise nach Spanien gemacht?
2. … eine Paella gegessen?
3. … ein Lied auf Spanisch gehört?
4. … einen spanischen Film gesehen?
5. … mit Spaniern telefoniert?
6. … eine spanische Seite im Internet (*la internet*) gelesen?
7. … einen Brief auf Spanisch geschrieben?
8. … deiner Klasse einen Austausch mit spanischen Schülern vorgeschlagen?

a) *Traduce estas preguntas. Utiliza la forma correcta de* algún *en cada pregunta. Después haz preguntas a tres compañeros o compañeras y apunta los resultados al lado de las preguntas.*

Nombre	______			______			______		
	No	Sí	¿Cuántas veces?	No	Sí	¿Cuántas veces?	No	Sí	¿Cuántas veces?
1. ¿Has hecho algún viaje a España?	❑	❑	____	❑	❑	____	❑	❑	____
2. ______	❑	❑	____	❑	❑	____	❑	❑	____
3. ______	❑	❑	____	❑	❑	____	❑	❑	____
4. ______	❑	❑	____	❑	❑	____	❑	❑	____
5. ______	❑	❑	____	❑	❑	____	❑	❑	____
6. ______	❑	❑	____	❑	❑	____	❑	❑	____
7. ______	❑	❑	____	❑	❑	____	❑	❑	____
8. ______	❑	❑	____	❑	❑	____	❑	❑	____

Resultados:
8 respuestas positivas: tiene relaciones excelentes
6–7: tiene buenas relaciones
3–5: las relaciones pueden mejorar
0–2: las relaciones tienen que mejorar

b) *Resume algunos de los resultados. Utiliza* nadie, nunca *o alguna forma de* ningún *(o* algún, mucho, todo, *etc.) en cada frase. Escribe 8 frases o más.*

Ejemplo: Edith no ha estado nunca en España y Uwe tampoco. Nadie ha …

______

______

______

______

______

6 a, e, i, o, u (G § 60)

Pon y *o* e, o *o* u.

En siete ______ ocho semanas tenemos vacaciones. ¿Adónde vamos a ir? Todavía no sabemos. Antonio ______ Inés van a Francia. Están muy contentos, ______ imagínate: ¡Van en bicicleta! Las bicicletas son ecológicas ______ no cuestan mucho. ¿700 ______ 800 ptas. al día? No sé. Con las bicicletas, Inés ______ Antonio son más libres ______ independientes que con el tren. Es raro ______ increíble: Sus padres no ponen ninguna pega. Francia es preciosa ______ interesante. En París van a estar con amigos de sus padres. Ellos tienen hijos ______ hijas de su edad. Con ellos van a visitar la ciudad ______ organizar una fiesta. ¡Van a ser unos días ______ semanas fenomenales!

libre frei

7 ¡Qué simpáticos son! (G § 67)

Observa estas situaciones. ¿Qué dices? Utiliza qué + adjetivo. *(Cuidado con* ser *y* estar.*)*

¡Qué simpáticos son estos chicos! ______

______ ______ ______

______ ______ ______ ______

8 Una compañera celosa (G § 66)

Traduce estas frases. Pon atención sobre todo a las preposiciones + pronombre.

- Er ist jeden Tag bei ihr. Sie gehen zum Tennisspielen. Sie will nicht mehr ohne ihn spielen. Deshalb hat sie keine Zeit mehr für uns. ¿Oder geht sie noch mit dir ins Kino? Und die ganze Klasse spricht schon über sie (*Plural*), besonders die Mädchen, weil alle mit ihm ausgehen möchten Aber er sieht nur sie an … und sie ihn: Heute morgen ist sie mit mir auf dem Schulhof zusammengestoßen, weil sie nur noch an ihn denkt. Man muss mit ihr sprechen: Das kann (so) nicht weitergehen!
- Halt den Mund! (*callarse*). Für mich ist klar: Du sprichst nur so über sie (*Plural*), weil du eifersüchtig (*celoso, -a*) bist!

¿*De quién habla la chica celosa?* Habla de ______

9 En marcha, por favor.

Busca las expresiones españolas con por *o* en *con la ayuda de las indicaciones en alemán.*
(… der Angaben auf Deutsch.)

por

- ______ (durch die Stadt)
- ______ (morgens)
- ______ (deshalb)
- ______ (zum Beispiel)
- ______ (an meiner Stelle)
- ______ (schließlich)
- ______ (bitte)
- ______ (telefonisch)
- ______ (leider)
- ______ (zum letzten Mal)

en

- ______ (in Spanien)
- ______ (auf dem Foto)
- ______ (mit dem Auto)
- ______ (auf Spanisch)
- ______ (an etwas teilnehmen)
- ______ (auf der Straße)
- ______ (im Allgemeinen)
- ______ (auf dem Tisch)
- ______ (Los geht's!)
- ______ (zuhause)

10 Un poema

Un día por la mañana
En bicicleta por la ciudad va una rana.
Choca con un coche, por desgracia.
La gente llama por teléfono a una ambulancia
Y le dicen: Por favor, ten paciencia.
Por suerte no tienes nada de importancia.

Pero la rana por última vez
Habla y dice: Corred
y avisad a mi familia por mí.
Entonces ha muerto allí.
Por eso las ranas sólo van de noche.
Y nunca más chocan con un coche.

correr laufen, rennen

Escribe tú también un poema de unas 4 a 6 líneas (en tu cuaderno). Utiliza expresiones diferentes con una preposición, por ejemplo las expresiones que has encontrado en el ejercicio 9. (Puedes encontrar otras en el «Diccionario» en las páginas 135–153 del libro del alumno.)

UNIDAD 7 A

1 Un dibujo y un chiste (... und ein Witz)

a) Describe el dibujo: ¿qué personas y cosas hay?, ¿qué están haciendo las personas?, ¿qué va a pasar?

b) Según los chistes latinoamericanos, los gallegos no son muy inteligentes. Lee este chiste y explica: ¿Por qué encuentran los bomberos tantos cadáveres?

«Aquí Manolo Fernández de Radio Galicia en directo desde Pontevedra. Esta tarde, un avión de ocho plazas ha caído en el cementerio de Pontevedra y ha quedado completamente roto. Los bomberos remueven los escombros y cavan para encontrar a los heridos y muertos. Hasta el momento han encontrado 3247 cadáveres.»

un bombero Feuerwehrmann – **un cementerio** Friedhof – **remover** (-ue-) beseitigen – **los escombros** Trümmer – **cavar** graben

Ideas y sugerencias

Vokabelnetze kannst du immer wieder ergänzen, wenn du passende Wörter lernst. Zeichne sie deshalb am besten nicht in ein Heft, sondern auf einzelne Blätter, die du in einem Ringbuch abheftest. So kannst du sie nicht nur zum Wiederholen herausnehmen, sondern auch einmal ein einzelnes Netz neu zeichnen, falls der Platz für Ergänzungen nicht ausreicht oder du die Wörter neu ordnen möchtest.

2 La ciudad

En esta unidad has conocido muchas palabras que tienen que ver con el tema de la ciudad. Pon estas (y otras que has aprendido) en la red de vocabulario que hiciste en el ejercicio 7 de la unidad 1B, o dibuja otra red. (... die mit dem Thema „Stadt" zu tun haben. ... in das Vokabelnetz, das du ... gemacht hast, oder zeichne ein neues Netz.)

3 ¿Tradicional? ¡No!

Forma palabras españolas con las letras de la palabra TRADICIONAL. *No es necesario utilizar todas las letras. Las palabras pueden ser, entre otras, formas masculinas o femeninas de adjetivos, o formas conjugadas de verbos, pero sólo una forma de cada palabra, es decir,* **o** *la forma masculina* **o** *la forma femenina,* **o** *la primera* **o** *la segunda persona, ... Si las palabras llevan acentos, ponlos. (... Wenn ..., setze sie.)*

A I O T L D I R C N A

la

ir

4 Crucigrama

1. la ciudad donde se encuentra el gobierno de un país
2. papel o pequeño libro con información y publicidad, por ejemplo, sobre una región o un país
3. una bebida alcohólica
4. cien años
5. toda la gente que vive en una ciudad o un país
6. dirigirse de un sitio a otro
7. el contrario de *oeste*
8. una parte de una ciudad
9. un pueblo o una ciudad que está situado/a cerca del mar
10. un sinónimo de *idioma*
11. ya no saber
12. el contrario de *sur*
13. un paisaje/una región al lado del mar
14. un tipo de restaurante, en general pequeño
15. el hermano del padre o de la madre
16. una forma del verbo *ser*

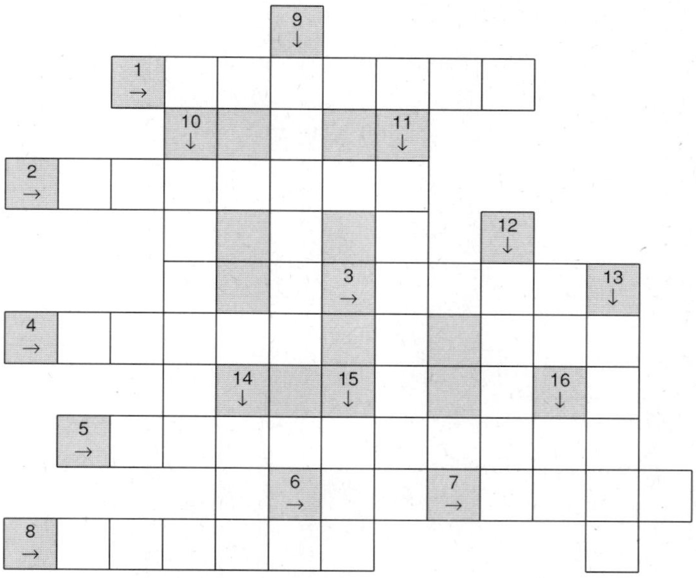

5 El teléfono móvil *(Das Handy) (G §§ 68, 69)*

A Juan le gustan mucho todo tipo de aparatos... a su amiga Inma le gustan menos. ¿Por qué? Vas a ver. Forma frases. Completa el texto con la forma correcta de estar + gerundio *de estos verbos.*

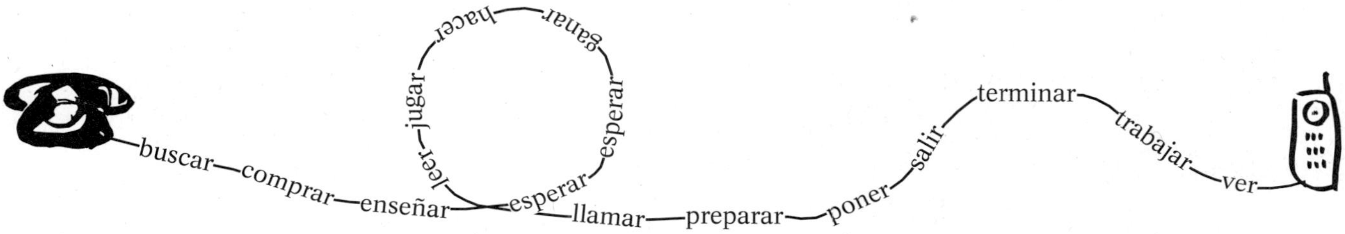

– Hola, Inma. Imagínate, __________________ un teléfono móvil. ¡Es fenomenal!

– __________________ desde la tienda: He comprado el móvil. Desde ahora puedes llamarme a cada momento.

– Sí, soy yo otra vez. No, no pasa nada. Es que __________________ el móvil a un amigo...

– __________________ el trabajo. ¿Tienes ganas de jugar al tenis? Ah, tú todavía tienes que trabajar!

– Sí, cariño, soy yo. Estoy en el polideportivo con Carolina. __________________ al tenis... y Carolina __________________!

– Ahora __________________ del polideportivo. Voy a volver a casa. Te llamo más tarde.

– ¿Todavía __________________? Yo __________________ la televisión. Bueno, te dejo trabajar. ¡Hasta luego!

– Mira, Inma, __________________ el periódico. Esta noche hay una película muy buena en el cine de la Plaza de España. Tienes ganas de ir al cine? Antes podemos comer algo... Entonces a las ocho en tu casa.

A las 20:30 en casa de Inma. Inma __________________ la comida y __________________ la mesa... y sobre todo __________________ a Juan. Llama muchas veces al móvil de Juan, pero Juan no responde. Por fin llama a su teléfono normal y esta vez...

Inma: Juan, ¿qué te pasa? ¿Qué __________________? ¿Por qué no respondes? __________________.

Juan: Sí, sí. Es que __________________ el móvil y no quiero salir sin él.

una tienda Geschäft – **cariño** Schatz

6 En la oficina de turismo

La pandilla está en la oficina de turismo para pedir los folletos. Inventa el diálogo entre la empleada y los jóvenes.

7 ¿Adónde van?

¿Qué ha hecho la pandilla antes de decidir ir al País Vasco? Escribe un texto sobre lo que ha pasado en tu cuaderno. (… bevor sie sich entschieden haben, ins Baskenland zu fahren? …)
Utiliza estos elementos. Intenta también combinar frases, por ejemplo con oraciones de relativo, otras oraciones subordinadas, para + infinitivo… Cuidado con los tiempos y modos de los verbos.

preparar una excursión para el próximo fin de semana – ir a una oficina de turismo – pedir folletos – sentarse en un parque – mirar los folletos – Galicia preciosa – hacer mucha publicidad sobre el turismo verde – Chema: no querer ir a Galicia – ya estar muchas veces – Barbara: ver mucho de Cataluña – además: Cataluña estar lejos – Sole: leer un folleto del País Vasco – los tíos de Jesús de Oñate – ahora vivir en Bilbao – la pandilla ir al País Vasco

Ideas y sugerencias

Lege alle Wörter, die du beim Lernen mit der Vokabelkartei und mit dem Kassettenrekorder oder bei Übungen und Klassenarbeiten nicht wusstest, in deiner Vokabelkartei in einem getrennten Fach ab. Versuche dann zunächst, sie dir einzuprägen. Je nachdem, welcher Lerntyp du bist oder was du falsch gemacht hast, helfen dir dabei die „Ideas y sugerencias" auf den Seiten 4, 13, 39, 45, 49 oder 55 und vieles andere.
Wenn du meinst, dass du genug geübt hast und die Wörter nun wirklich „sitzen", legst du sie in Fach 1 der Vokabelkartei zurück und arbeitest mit ihnen weiter wie mit den übrigen Wörtern in diesem Fach.

8 Preparaciones

Para preparar la excursión al País Vasco, la pandilla tiene que hacer muchas cosas.

1. Barbara erkundigt sich telefonisch nach den Fahrtmöglichkeiten. (Für die Umgebung von Oñate, seht euch die Karte auf S. 71 an.)
2. Pilar ruft im Reisebüro an, um nach weiterem Informationsmaterial zu fragen.
3. Jesús ruft bei seinen Verwandten an, um die Übernachtungsfrage zu klären.

Trabajad en grupos. Eligid una cosa que hay que hacer y escribid un pequeño diálogo al teléfono. Grabadlo en una cinta y presentadlo a vuestros compañeros y compañeras.
(... Nehmt ihn auf Kassette auf und spielt ihn ... vor.)

RENFE
SALAMANCA-VITORIA/GASTEIZ

Salamanca	1:35	10:20
Cantalapiedra		10:47
Medina del Campo	2:43	11:11
Valladolid	3:15	11.40
Venta de Baños		12:06
Burgos	4:47	12:56
Briviesca		13:29
Miranda de Ebro	5:47	14:15
Vitoria/Gasteiz	6:19	14:50
Altsasu		15:17
Zumárraga		15:44

RENFE
VITORIA/GASTEIZ-ZUMÁRRAGA

Vitoria/Gasteiz	14:17	18:50
Alegría de Alava	14:25	18:58
Salvatierra	14:32	19:04
Araia	14:37	19:09
Altsasu	14:45	19:16
Legazpia	15:05	19:36
Zumárraga	15:09	19:41

Autobuses interurbanos
VITORIA/GASTEIZ-OÑATE-SAN SEBASTIÁN
Ida: Diario 6:58 a 20:58 cada dos horas
Vuelta: Diario 7:12 a 21:12 cada dos horas

Autobuses interurbanos
ZUMÁRRAGA - LEGAZPIA - OÑATE
Ida: Laborables 6:25 a 22:25 cada hora
Dom. y festivos: 9 a 22 cada hora
Vuelta: Laborables 6:38 a 21:38 cada h.
Dom. y festivos: 9:30 a 22:30 cada hora

RENFE spanische Eisenbahngesellschaft

9 La Barcelona modernista (Das Jugendstil-Barcelona) (G § 70)

a) *Busca en el texto de la parte b) palabras que todavía no conoces y que sin embargo entiendes. Para entenderlas, piensa en otras lenguas, el contexto, palabras de la misma familia... (Hay unas diez palabras.)*

________ ________ ________ ________

________ ________ ________ ________

________ ________

b) *Completa el texto con* donde *y* adonde.

Barcelona es la ciudad de Cataluña ________ podemos encontrar muy buenos ejemplos de modernismo. Es sobre todo aquí ________ vienen estudiantes de arquitectura y turistas de muchos países a ver los sitios ________ están las casas, palacios y parques de arquitectos como Gaudí, Domènech i Montaner o Puig i Cadafalch. Son casas y parques llenos de vida ________ árboles, plantas y estatuas de personas o animales son parte del paisaje. Encontramos obras espectaculares como la Sagrada Familia, la iglesia ________ Gaudí trabajó hasta su muerte, o el Parque Güell ________ todavía hoy van niños a jugar. El Paseo de Gracia, ________ están situados algunos edificios conocidísimos de la época modernista, es el camino antiguo de Barcelona al pueblo de Gracia. Aquí están también los bancos raros del arquitecto Falqués ________ nos podemos sentar para mirar el suelo de Gaudí. Hay muchísimos otros edificios ________ podemos ver ejemplos de modernismo como panaderías o mercados. Y para terminar la visita, hay que ir a algunos museos ________ se encuentran estatuas y muebles (por ejemplo sillas y mesas) modernistas.

una obra Werk – **trabajó** er arbeitete – **un niño** Kind

10 Determinantes indefinidos y adjetivos (G § 71)

a) En el texto 7A del libro del alumno hay algunas formas nuevas de determinantes indefinidos o adjetivos que ya conoces. Búscalas.

____________________ ____________________ ____________________ ____________________

b) ¿Qué significan estas formas? (Was bedeuten …)

____

11 Va a ser una excursión estupenda (G § 71)

Barbara se entusiasma por el viaje al País Vasco y habla sólo en superlativos. Completa las frases. Atención al cambio → qu *en los adjetivos cuya raíz se termina en* c. *(… den Wechsel →* qu *bei den Adjektiven, deren Stamm auf* c *endet.)*

1. Según los folletos, los vascos son *simpatiquísimos.*
2. ¡Estoy ____________________! (ilusionado)
3. Va a ser un viaje ____________________. (precioso)
4. El País Vasco tiene que ser ____________________: (interesante)
5. hay pueblos ____________________ al lado del mar y caseríos ____________________ en las montañas donde podemos descansar. (tranquilo; pequeño)
6. Además la comida vasca es ____________________ en toda España: ¡es ____________________! (conocido; rico)
7. Me alegro ____________________: (mucho)
8. el viaje va a ser ____________________ y vamos a volver ____________________, ____________________. (divertido; contento; seguro)
9. *Pilar*: Barbara, eres ____________________, ísima, ísima… (gracioso)

descansar sich ausruhen
alegrarse sich freuen

12 Las regiones españolas

Trabajad en grupos. Buscad en el texto 7A del libro del alumno o en los diferentes ejercicios información sobre regiones o ciudades de España y transformad esta información en un test. Escribid una frase correcta y otras dos falsas.

Ejemplo:

La Generalitat es el gobierno
- ❑ *de España.*
- ❑ *de Cataluña.*
- ❑ *del País Vasco.*

Haced unas diez frases o preguntas y dad el papel a los otros grupos. ¿Qué grupo conoce España mejor? (… am besten?)

El palacio de la Generalitat

UNIDAD 7B

1 ¿Qué ha pasado?

Ordena las frases según el contenido del texto 7B. (… dem Inhalt …)

___ Por fin la sopa está lista y comen.

___ Jesús y Sole preparan la comida.

___ Pilar, Barbara e Iñaki hablan sobre la casa y la familia de Iñaki.

1. La pandilla ha ido de excursión.

___ En el camino empieza a llover.

___ Iñaki busca un mantel.

___ También hay música.

___ Está muy cansada porque ha andado muchísimo.

___ Entretanto Iñaki ha encendido el fuego.

___ Chema pone un disco de Mercedes Sosa.

___ Cuando llegan al caserío, suben a las habitaciones.

2 Me gusta la lluvia (G § 76)

a) Haz pequeños textos sobre estas personas: ¿Cómo están?, ¿qué tiempo hace?, ¿les gusta ese tiempo?…

…y para completar el campo semántico:

Hay una tormenta, con relámpagos (ϟ)

Hace viento.

Nieva (*nevar, -ie-*).

Hay niebla.

b) Mira por la ventana y escribe algunas frases sobre el tiempo que hace.

Hoy hace ____________________

Ideas y sugerencias

Sicher hast du schon gelernt, dass man sich in der Fremdsprache zusammen mit dem Verb auch die zugehörigen Konstruktionen einprägen soll (z. B. „pensar en algo“, „traer algo“). Bei der Unterscheidung von direktem und indirektem Objekt hilft dir das im Spanischen aber nicht immer weiter, denn sowohl das indirekte Objekt als auch das direkte Objekt der Personen werden mit der Präposition *a* gebildet. Wenn du also die Wendung „preguntar a alguien“ lernst, weißt du nicht automatisch, ob “Le voy a preguntar“ richtig ist. Merke dir deshalb Verben am besten entweder mit einem Sachobjekt (z. B. „ver algo“ = direktes Objekt, also auch „la veo“) oder mit mehreren Objekten (z. B. „preguntar algo a alguien“ – da ein Verb normalerweise keine zwei direkten Objekte haben kann, muss „a alguien“ indirektes Objekt sein.)

3 Yo me amo

amar lieben – **una duda** Zweifel – **podría** könnte ich – **por supuesto** claro que sí – **veamos** sehen wir mal – **que** dass – **lo que** das, was **hizo** er/sie machte – **sería** *hier:* mag ja sein – **muy ducho, -a** tüchtig, bewandert – **era** war – **un zoquete** persona no muy inteligente

¿Qué piensas?: ¿por qué no existe la forma nosotros me amamos? *¿Hay esta forma en alemán? Explícalo en alemán.*

____

____

4 Variaciones (G § 73)

Transforma la respuesta según el ejemplo. ¡Atención a los acentos!

1. —¿Hacemos un fuego? Hace frío. —María lo está encendiendo. *María está encendiéndolo.*
2. —¿Has terminado los deberes? —Los estoy haciendo. ________________
3. —¿Os gusta el disco? —Lo estamos escuchando. ________________
4. —¿Dónde están las uvas que he comprado? —Las estamos comiendo. ________________
5. —¿Por qué no habéis empezado? —Os estamos esperando. ________________
6. —¿Ya han venido tus abuelos? —Sí, nos están visitando. ________________
7. —¿Ya has pelado la fruta para la macedonia? —La estoy pelando. ________________
8. —¿Sabes hacer los deberes? —No, pero Carina ya me está ayudando. ________________
9. —¿Me escribes? Espero tu carta. —Por fin te estoy escribiendo. ________________

5 Me, te... (G § 72)

a) Busca en el texto 7B del libro del alumno los pronombres personales de complemento directo. (Sólo hay 6 de las formas.)
b) Escribe las formas de los pronombres reflexivos y de los pronombres de complemento indirecto que ya conoces.
c) Intenta encontrar las formas de complemento directo que faltan y controla con la gramática.
d) Marca con un color las formas iguales y con otro las formas que son diferentes.

	Singular				Plural			
	1. Pers.	2. Pers.	3. Pers. m.	3. Pers. f	1. Pers.	2. Pers.	3. Pers. m.	3. Pers. f.
compl. dir.								
compl. indir.								
pron. refl.								

6 ¡Qué desorden! *(Was für eine Unordnung!)* *(G § 72)*

La pandilla se ha comido la sopa, ha escuchado música y ha hablado de muchas cosas. Ahora es muy tarde. Pilar y Fede están en la cocina e intentan poner orden. Haz un diálogo tan variado como puedas. Utiliza pronombres de complemento directo. (… versuchen Ordnung zu schaffen … so abwechslungsreich wie möglich …)

Para preguntar o decir dónde está algo, puedes utilizar estas expresiones:

estar / encontrar algo / haber encontrado / ver algo / haber visto / buscar algo / haber puesto algo en un lugar / haber metido algo … / mira, allí …

Pilar: ¿Dónde está mi impermeable? No lo encuentro.

Fede: Sí, lo he visto. Espera. Estoy buscándolo. Ah, aquí está, debajo de la silla.

7 Números y letras *(… und Buchstaben)*

Cada número corresponde a una letra y números idénticos son letras idénticas.

a) Aquí hay algunas definiciones. Busca las palabras y anota la significación de cada número. (… und notiere die Bedeutung jeder Zahl.)

1. Lo pones cuando quieres escuchar música.

1	2	3	4	5

2. La comes cuando hace frío.

3	5	6	7

3. Llevas las cosas dentro cuando vas de excursión.

8	5	4	9	2	10	7

4. Están en el cielo cuando llueve.

11	12	13	14	3

5. Lo pones en la mesa cuando la quieres bonita.

8	7	11	16	14	10

dentro darin

¿Qué palabra es el 16 2 14 8 6 5?

16	2	14	8	6	5

b) Y ahora al revés: Define tú estas palabras. Utiliza cuando *en cada frase, como en la parte a) del ejercicio. (Und jetzt umgekehrt: Definiere …)*

el mar ____________________

una fiesta ____________________

un impermeable ____________________

una taza ____________________

el fuego ____________________

el hospital ____________________

la escayola ____________________

8 Cuando, cuando, cuando

Escribe una cadena de frases. Utiliza la segunda parte de cada frase como primera parte de la frase siguiente. (… den zweiten Teil jedes Satzes als ersten Teil des folgenden Satzes.)

Cuando los jóvenes llegan al caserío, están empapados. Cuando están empapados,

9 ¿Cuál quieres? (G § 75)

¿Qué dicen las personas en estas situaciones? Forma pequeños diálogos según el ejemplo. Utiliza la forma correcta de ¿Cuál? *en cada pregunta, pero verbos diferentes, y busca un final diferente para cada diálogo.*

Yolanda y Paloma están de excursión en las montañas. Hace mucho frío. (un jersey / un anorak)	*Yolanda: ¡Qué frío!* *Paloma: Tengo aquí un jersey y un anorak. ¿Cuál quieres?* *Yolanda: Dame el anorak, por favor.*
Fede y Chema quieren hacer una macedonia y necesitan fruta. Van al mercado. (manzanas / mandarinas / uvas / naranjas / limones / plátanos / peras)	*Fede y Chema:* *La tendera:* *Fede y Chema:*
En una biblioteca un señor busca información sobre Andalucía. (una guía /algunos libros / libros de fotos)	*El señor:* *La bibliotecaria:* *El señor:*
A Eva le gusta la música clasica. Está en casa de Olga. (Isaac Albéniz / Manuel de Falla / Joaquín Rodrigo)	*Eva:* *Olga:* *Eva:*
Pedro quiere visitar Alba y va a la oficina de turismo. (iglesias / edificios interesantes / fiestas preciosas)	*Pedro:* *La empleada:* *Pedro:*
Paco y Elena han comprado muchas cosas. Pero… ¿cómo llevarlas a casa? (una bolsa/una mochila)	*Paco:* *Elena:* *Paco:*

10 Otro final de la historia…

La pandilla está todavía lejos del caserío. Empieza a llover y hace frío. Los amigos están cansadísimos, sin embargo caminan deprisa. Pero no ven el caserío: no encuentran el camino. ¿Qué van a hacer?

Continúa esta versión del texto 7B del libro del alumno. Escribe unas 10 frases en tu cuaderno.

11 Cerca de Oñate (G § 74)

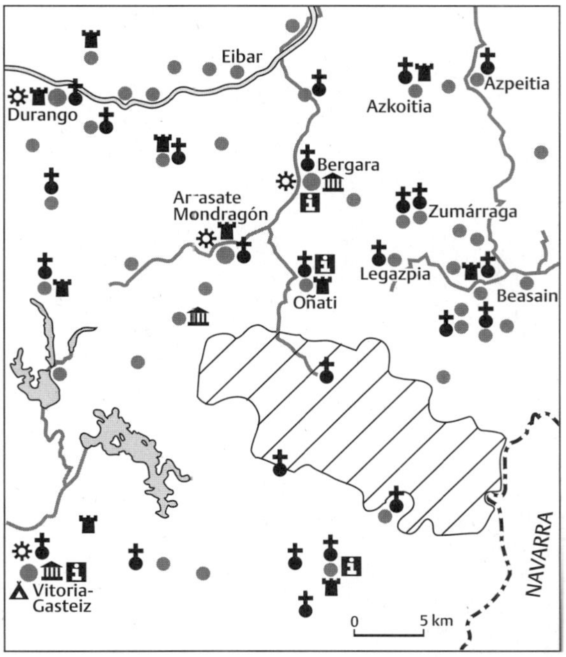

Trabajad en parejas. A hace preguntas sobre el País Vasco con las palabras de la lista y B responde con la ayuda del mapa. Utilizad la forma correcta de ninguno, -a, uno, -a *o* alguno, -a, mucho, -a *en cada respuesta.*

- museo
- iglesia
- monumento interesante
- camping *(m)*
- albergue juvenil
- parque natural (futuro)
- río
- embalse
- autopista
- ciudad con más de 1 millón de habitantes
- ciudad o pueblo
- industria
- playa
- oficina de turismo
- frontera provincial
- frontera internacional

un embalse Stausee – **una autopista** Autobahn – **un parque natural** Naturschutzgebiet

A: *¿Hay museos en el País Vasco?*

B: *Sí, hay algunos (muy interesantes).*

12 ¡Qué sorpresa! (Was für eine Überraschung!)

Du triffst in deinem Heimatort zufällig einen spanischen Freund oder eine spanische Freundin wieder, den/die du im vergangenen Sommer in Spanien kennen gelernt hast. Gib den folgenden Dialog auf Spanisch wieder.

Du begrüßt ihn/sie und willst wissen, wie es ihm/ihr geht.

Er/Sie antwortet, dass es ihm/ihr gut geht und erzählt, dass er/sie eine Reise von 2 Wochen nach Deutschland gewonnen hat. Er/sie ist sehr zufrieden.

Du sagst, dass er/sie Glück gehabt hat und berichtest, dass das Wetter jetzt gut ist, dass es aber den ganzen Mai über geregnet hat.

Er/sie antwortet, dass es auch in Spanien in diesem Jahr nicht so heiß gewesen ist wie sonst. Er/sie fragt dich, welche Ausflüge in die Gegend er/sie machen könnte.

Du überlegst und empfiehlst dann eine Sehenswürdigkeit der Gegend.

Dein/e Freund/in bedankt sich und fragt, ob du nicht Lust hast, den Ausflug mit ihm/ihr gemeinsam zu machen.

Du sagst, dass das eine Superidee ist und ihr verabredet euch für einen bestimmten Tag.

etwas gewinnen = ein Spiel gewinnen

UNIDAD 8 A

1 Situaciones

a) ¿Qué dicen estas personas? Haz un minidiálogo para cada foto o dibujo.

b) Busca 10 expresiones o palabras de un tema (por ejemplo expresiones que puedes utilizar cuando encuentras a alguien). Corta las palabras en sílabas y escribe las sílabas en orden alfabético. Después le das la lista a un compañero o a una compañera (y le dices el tema). Él o ella tiene que formar las palabras.

2 Perú

Las redes también sirven para recordar mejor la información de un texto. Aquí tienes un ejemplo. Lee otra vez el texto «De viaje en el cuarto de estar» (y el folleto en el ejercicio 3 de la página 87 del libro del alumno) y estructura la información como en el ejemplo.

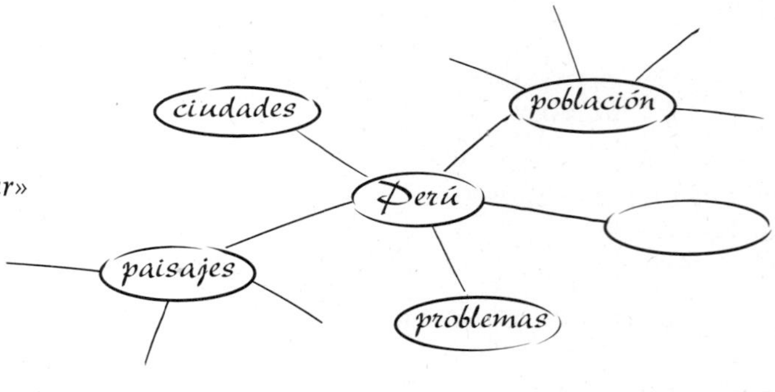

3 Ramiro, el chico peruano

Con la ayuda de la información en el libro del alumno, haz un pequeño texto sobre Ramiro: ¿quién es?, ¿de dónde es?, ¿por qué está en Salamanca?, ¿qué sabes de su vida?

Ramiro es un estudiante de Perú que quiere

4 El español de América

En el mundo hay 300 millones de personas que hablan español, pero hay diferencias entre los países hispanohablantes. Escucha el texto «De viaje en el cuarto de estar» en la cinta. La forma de hablar de Ramiro tiene características típicas de Perú en:

a) el vocabulario

¿Qué dice Ramiro para: 1. «¡Qué bonito!»? ____________________

2. «mis padres»? ____________________

3. «enseguida»? ____________________

b) la gramática

¿Qué dice para: 1. «Como veis es una ciudad enorme…»? ______________________________

2. «Ya os podéis imaginar…»? ______________________________

Es decir, no existe la __________ persona de plural de los verbos.

c) la pronunciación

¿Cómo pronuncia: 1. funciona (l. 3)? _______________ 3. ciudad (l. 9, 27)? _______________

2. Cuzco (l. 8, 10, 19, 57)? _______________ 4. conocidísimas (l. 45)? _______________

Ramiro pronuncia el sonido θ como una ______.

d) ¿Y en alemán? ¿Pasa eso también? Escribe algunas frases sobre el tema.

____

____

____

Ideas y sugerencias

Achte bei der Aussprache immer auch auf den Tonfall und versuche, die Satzmelodie von Spanierinnen und Spaniern möglichst genau nachzuahmen – nur dann klingt dein Spanisch auch „echt". Du kannst z. B. auch mit der Begleitkassette oder -CD zum Schülerbuch üben. Lies dazu einen der Lektionstexte und nimm dies auf Band auf. Vergleiche dann deine Aufnahme mit dem Tonträger: Wo gibt es Unterschiede? Wie du schon weißt, gibt es in Spanien und Lateinamerika oder auch in einzelnen spanischen Regionen unterschiedliche Aussprachegewohnheiten. Nicht jeder Unterschied ist also auch gleich ein Fehler. Frage ggf. deine Lehrerin oder deinen Lehrer.

5 ¿Qué come la rana?

Cambia una letra en cada línea para transformar la primera palabra en la última.
(Ändere in jeder Zeile einen Buchstaben …)

1. un signo de puntuación
2. un mueble donde duermes
3. una parte del cuerpo
4. no normal (forma femenina)
5. estar a un precio (3ª persona singular)
6. participio pasado de poner (forma femenina, cuando es utilizado como adjetivo)
7. entrada de un edificio
8. pueblo o ciudad cerca del mar
9. un hombre que ya no vive
10. estado de la persona en (9)

el estado Zustand

	C	O	M	E
(1)				
(2)				
(3)				
(4)				
	R	A	N	A

	C	U	E	N	T	A
(5)						
(6)						
(7)						
(8)						
(9)						
(10)						
	S	U	E	R	T	E

6 ¡Ten cuidado!

Muchas veces la combinación de un verbo y un sustantivo o una preposición tiene otro significado que el verbo solo. Busca las palabras que faltan en estas frases y traduce las expresiones al alemán.
(… hat eine andere Bedeutung als …)

tener:

1. Los viernes no tengo ______________ por las tardes y me gusta ir a hacer deporte. — clase ______ Unterricht haben ______
2. La ventana está rota. ¿Quién tiene ______________? — ______ ______
3. Barbara, tú tienes ______________ en Hamburgo. Tus abuelos viven allí, ¿no? — ______ ______
4. Tengo muchas ______________ de ir al cine, pero — ______ ______
   por desgracia no tengo ______________ esta semana. — ______ ______
   Tengo ______________ estudiar muchísimo. — ______ ______
5. Juan, tienes ______________. Podemos ir en autobús, es más barato. — ______ ______
6. No me dan el empleo porque todavía no tengo 18 ______________. — ______ ______
7. Ten ______________, el semáforo está rojo. — ______ ______
8. Carmen ha tenido mala ______________ en el examen y ha sacado malas notas. — ______ ______

7 No puedes pasar del diccionario *(SchB S. 83)*

Traduce estas frases con la ayuda del fragmento del diccionario.

1. Paloma pasó la selectividad hace un año.
____
2. Estas naranjas se han pasado. Ya no puedes comerlas.
____
3. ¿Me pasas el pan, por favor?
____
4. Ya pasó la semana de los exámenes. ¡Por fin!
____
5. Pase lo que pase, quiero ir a España este verano.
____
6. Para hacer un gazpacho, hay que pasar los tomates.
____

pasar ⟨1⟩ **1.** *vt* gehen/fahren durch; (*sufrir*) erleiden; (*tiempo*) verbringen; (*río*) überqueren; (*omitir*) auslassen; (*error en un texto etc*) übersehen; (*filtrar*) sieben; (*dar*) geben; (*transferir, transmitir*) [über]geben, [über]reichen; (*superar*) überwinden; (*examen*) machen; (*GASTR*) durchpassieren; **2.** *vi* vorbeigehen, vorübergehen; (*terminarse*) vorbei sein; (*ocurrir*) vorkommen, passieren; **3.** *vr* **~se** (*comida*) schlecht werden; (*al enemigo*) überlaufen; (*fig*) übertreiben, zu weit gehen; **~ la mano por la superficie** [mit der Hand] über die Oberfläche streichen; **~ [de todo]** (*fam: actitud*) auf alles pfeifen; **~ por alto algo** (*fig*) über etw *akk* hinwegsehen; **~ por encima** hinübergehen; **pase lo que pase** was auch immer geschehen mag; **yo paso** ist mir egal; **¿qué pasa?** was ist los?

un gazpacho *eine Art Kaltschale aus Tomaten, Gurken, Öl …*

8 Ni sí, ni no, sino todo lo contrario. (G § 81)

¿Qué dicen las personas en los dibujos? Busca algo gracioso y utiliza la conjunción sino (que) *en cada frase.*

9 Dime cuándo, cuándo, cuándo… (Sag mir …) (G § 80)

Contesta las preguntas. (Beantworte …)

¿Cuándo … escuchaste la 1ª canción en español? *Escuché la primera canción en español en 19 ____.*

… hablaste la 1ª vez en inglés? ________________

… sacaste la 1ª foto? ________________

… compraste el 1er disco? ________________

… ganaste tu 1er dinero? ________________

10 ¿El primero o el último? (G § 80)

Completa las frases con el número ordinal adecuado. Los números entre paréntesis te ayudan.

1. —¿Dónde vives? ¿En el ________ (4) piso? —No, vivo en el ________ (6) piso, puerta A.
2. —¿Dónde está la calle Montemolar, por favor? —Es la ________ (2) a la derecha.
3. Carlos I (________) de España es también Carlos V (________) de Alemania.
4. Es la ________ (10) y última vez que lo repito: «Ven aquí y ayúdame.»
5. En 1992 los españoles celebraron el ________ (5) Centenario del descubrimiento de América.
6. Para ir a la Plaza Mayor, gira a la izquierda en el ________ (3) semáforo.
7. El museo inca está en la ________ (8) avenida, ________ (9) calle.
8. Y al ________ (7) día descansó.

un piso Stockwerk
un centenario 100-Jahr-Feier
el descubrimiento Entdeckung
descansar sich ausruhen

11 ¿Qué tal el jueves pasado? (G §§ 77–79)

El jueves pasado fue fiesta en Salamanca y la pandilla fue de excursión al campo. Unos días después Barbara escribe una carta a su clase de Hamburgo para contarles todo. Escribe tú la carta. Esto es lo que pasó: (... was passiert ist.)

Todos van de excursión al campo. Quedan delante del instituto y toman el autobús en la estación, que está cerca. Media hora más tarde llegan a Alba. Antonio, el profesor de biología, les enseña la región. Cruzan el río y el profe los lleva a un sitio precioso. Pero encuentran mucha basura. Limpian la zona. Eso les cuesta mucho trabajo. Jóvenes de un pueblo que está cerca los ayudan. Al final todos preparan la comida. Después algunos juegan al voleibol. Más tarde van al pueblo y toman algo en un bar. Por la noche van a una discoteca. ¡Ha sido un día estupendo!

Salamanca, ________

¡Hola a ________

________ desde hace mucho tiempo. Hoy quiero contaros ________

Ideas y sugerencias

Auch beim Schreiben gibt es Standardsätze, die bei bestimmten Anlässen oder in bestimmten Textsorten häufig verwendet werden, z. B. Briefanfänge, Einleitungssätze, Überleitungen, Zustimmung für Argumente oder ihre Widerlegung u. v. m. Es ist nützlich, sich solche Formeln zu merken, weil du sie dann bei Bedarf verwenden kannst und nicht immer wieder „neu erfinden" musst.

12 Cinco minutos...

Elige uno de estos temas y escribe durante cinco minutos un texto sobre él en tu cuaderno. Aquí no importan tanto los errores que puedas hacer como tus ideas y experiencias. (... die du machen könntest ...)

1. ¿Qué hay en mi cabeza en este momento? (... in meinem Kopf ...)
2. mi programa de televisión favorito
3. un amigo/una amiga
4. un pueblo, una ciudad, un país, ... que conozco
5. un momento difícil
6. una persona que no conozco muy bien, pero que me interesa

UNIDAD 8 B

1 «Jóvenes con un poco de futuro»

Completa las frases sin leer otra vez el texto «¿Toda la vida niños de la calle?», después controla los resultados con la ayuda del texto.

a) Completa con una palabra.

1. Los niños de la calle son ______________ de todo tipo de peligros.
2. Las organizaciones que ayudan a estos niños no son ________________ porque el problema ___________ ahí.
3. El padre de Fernando ________________ a la familia.
4. Olívar ___________ el primer contacto con Fernando en la calle.
5. En el CEDIC, los jóvenes viven todos juntos en un ___________ y ___________ una formación profesional.
6. La cuarta fase ___________ en pocos proyectos, porque es ___________.

b) Completa con más de una palabra.

1. Los niños de la calle son jóvenes que vivieron ________________________________
2. El CEDIC no sólo saca a los chicos de la calle, también ________________________________
3. Los chicos necesitan a alguien y están contentos cuando ________________________________
4. Olívar sólo puso una condición a Fernando: ________________________________
5. Los niños no están acostumbrados a la regularidad, y por eso ________________________________
6. Al final los niños del CEDIC son jóvenes ________________________________

Ideas y sugerencias

Bei längeren Texten ist es oft nicht einfach, die Informationen zu behalten, die man später wieder benötigt. Wenn dir der Text auf einer Kopie oder in deinem eigenen Buch zur Verfügung steht, unterstreichst du wichtige Stichwörter. Bei einem Buch, das nicht dir gehört, oder bei einem Hörtext, machst du dir Notizen. Um herauszufinden, was wichtig ist, helfen dir beim Lesen wie auch beim Hören die sogenannten W-Fragen (wer, wann, was, wo, wohin, warum, womit – auf Spanisch beginnen die meisten dieser Wörter mit dem Laut /k/). Es gibt aber auch andere Stichwortkataloge. Einen möglichen für die Zusammenfassung von Informationen über Länder findest du bei Übung 6 im Schülerbuch auf S. 93.

2 Preguntas sobre los natras

Haz un «tandem»: Coge un papel y dibuja dos columnas como en el ejemplo. En la columna izquierda escribes seis preguntas sobre el texto «Natras en acción» (libro del alumno, página 91), y en la columna derecha escribes las respuestas. Deja una o dos líneas blancas debajo de cada pregunta. Doblas el papel y le das las preguntas a un compañero o a una compañera que va a escribir las respuestas en las líneas blancas. Después comparad sus respuestas con las tuyas y corregidlas si es necesario. (… zwei Spalten … Du faltest … Vergleicht seine/ihre Antworten mit deinen und korrigiert sie, wenn nötig.)

¿Qué es «Natras en acción»? «Natras en acción» es un ~~periódico~~ una revista que hicieron niños de la calle en ~~Guatemala~~ Estelí (Nicaragua) para otros niños como ellos. ¿Qué trabajo …	«Natras en acción» es una revista que hicieron niños de la calle en Estelí (Nicaragua) para otros jóvenes como ellos.

3 ¡Típico! (G § 84)

a) Trabajad en grupos. Buscad 10 hábitos o características que os parecen típicos
– de los españoles o
– de los alemanes o
– de los habitantes de otros países (¿cuáles?)
Con las frases haced una encuesta como en el ejemplo. (... einen Fragebogen ...)

	Sí	No
Los españoles hablan muy deprisa.	❑	❑
Los españoles beben más vino que los alemanes.	❑	❑
Los españoles son ...	❑	❑

b) ¿Qué piensan los otros grupos de estas afirmaciones? Preguntadlos. Utilizad para:

– las preguntas:
¿Crees / ¿Piensas / ¿Te parece | que ...

– las respuestas:
Creo / Pienso / Me parece / Me imagino | que ...

c) Discutid en clase los resultados. Utilizad para:

– hablar a favor de algo:
Creo que tienes razón.
Eso es.
Es verdad que ...
Me parece / Claro | que sí.
Yo también pienso así.
Bueno, pero ...

– hablar en contra de algo:
Creo que / No, | no tienes razón. / eso no es así. / eso no es verdad.
Me parece / Claro | que no.
Yo no pienso así.
No me gusta la solución que propones.

– expresar indiferencia:
No sé.
No conozco a ningún ...
No me interesa / No entiendo nada de | ese tema.

4 Jeroglífico (Bilderrätsel)

Identifica las palabras que están en los dibujos, sigue las instrucciones y vas a encontrar una expresión que puedes utilizar para hablar de una persona que vive con muchas dificultades.
Aquí están las instrucciones:
1→ x: sustituir la primera letra por una x (... ersetzen ... durch ...)
2 = 1, 1 = 2: sustituir la primera letra por la segunda y la segunda por la primera
~~1~~: no utilizar la primera letra

2 → u, ~~4~~

~~4~~, ~~5~~

4 = 5,
5 = 4

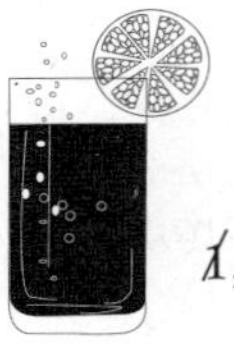
~~1~~, ~~2~~, ~~3~~

☐☐☐☐☐☐☐☐
☐☐ ☐☐☐

5 Dados y verbos (G §§ 82, 83)

a) Necesitáis 3 dados (🎲). Jugad en grupos de 3 ó 4. La primera tirada es para el verbo, la segunda para la forma y la tercera para la persona (ver la lista de abajo).
Gewürfelt wird reihum. Wer die entsprechend seinen Würfen richtige Form bildet, erhält einen Punkt. Wer einen Fehler macht, dem wird ein Punkt abgezogen. Wenn ihr eine Form „erwürfelt“, die nicht existiert, oder die ihr noch nicht gelernt habt (z. B. 1. oder 3. Person des Imperativ), gilt dies als „Joker“: Ihr müsst keine Form bilden und bekommt trotzdem einen Punkt. Wer hat am Ende die meisten Punkte?

	⚀	⚁	⚂	⚃	⚄	⚅
el verbo	poner	seguir	hacer	tener	venir	creer
la forma	presente	gerundio	imperativo	pretérito perfecto	indefinido	———
la persona	yo	tú	él/ella/usted	nosotros, -as	vosotros, -as	ellos/ellas/ustedes

b) Escribe una pequeña historia de unas 10 frases con seis de las formas que habéis encontrado.

6 Historia de Perú (G §§ 82, 83)

Pon los verbos entre paréntesis en la forma adecuada.

1. En el siglo 16 vivieron_______ (vivir) en la región del Perú de hoy, además de los incas, otros pueblos como los hiuari y los chimú.
2. En 1526, Francisco Pizarro ____________ (salir) de España y ____________ (llegar) a América en enero de 1531, primero a Panamá, de donde ____________ (dirigirse) a Perú con sus hombres.
3. ____________ (subir) a los Andes y ____________ (ir) a Cajamarca donde ____________ (hacer) prisionero al rey inca Atahualpa. Le ____________ (poner) una condición: no trabajar contra ellos.
4. Según los españoles, Atahualpa ____________ (preparar) una traición. Atahualpa ____________ (pagar) a los españoles mucho dinero, pero éstos, sin embargo, lo ____________ (matar).
5. Pizarro ____________ (volver) a la costa y ____________ (fundar) la ciudad que hoy se llama Lima.
6. ____________ (tener) mala suerte y ____________ (morir) a manos de los hombres de su rival Almagro.
7. Los españoles ____________ (estar) en Latinoamérica muchísimos años.
8. En 1821 Perú ____________ (conseguir) la independencia.

La muerte de Atahualpa, según una crónica de la época

un pueblo Volk
un prisionero Gefangener – **un rey** König
una traición Verrat – **matar** töten

7 Tienen derecho a una educación
(G §§ 82, 83)

Aquí tienes el formulario de Judith María Rivas Aguilar, a quien una organización para niños de la calle en Nicaragua ha recibido hace poco más de un año. Alba Lazo Rocha, que trabaja en esta organización, tiene que escribir una carta para presentar a Judith a una familia que quiere ayudarla. Escribe tú la carta. Atención a los tiempos del verbo.

Managua, 15-XI-97

Estimada familia Benavídez:

(Escribe al principio una frase en la que te presentas o presentas la organización en que trabajas y luego empieza la presentación de Judith María.)

Judith María Rivas Aguilar nació el

(Continúa y utiliza la información del formulario y termina la carta así:)

Atentamente,

nacer geboren werden – **irregularmente** unregelmäßig – **cuidar de u. p.** auf jdn. aufpassen – **vender** verkaufen – **la salud** Gesundheit

Nombre y apellidos: Judith María Rivas Aguilar

Lugar y fecha de nacimiento: Estelí, 29 abril 1982

Familia: Se va a vivir a Managua en 1985.
Padre: trabaja en una fábrica; pierde el trabajo en 1990; no encuentra otro. Abandona a la familia (1991)
Madre: se gana la vida con trabajos pequeños
Hermanos: 5 hermanos menores

Escuela: 1988-1992 (muy irregularmente: muchas veces no va a clase porque tiene que cuidar de sus hermanos pequeños o porque tiene que trabajar)

Formación Profesional: ninguna;
trabajo en la calle: vender bebidas y dulces;
en nuestra «casa de las niñas» empieza a trabajar en la panadería (el trabajo no le gusta)

Problemas: principios de 1994: sale de su casa;
1994-96: vive en la calle. Problemas de salud: dolores en la pierna (mayo 1995: accidente con un coche durante el trabajo en la calle; el conductor sigue; ningún médico la examina)

Situación actual: Julio 1996: J. viene por 1ª vez a la «casa de las niñas». Le cuesta mucho acostumbrarse al trabajo regular, pero lo ha conseguido. Quiere terminar la escuela; hace esfuerzos para cambiar su situación
Examen de la pierna: no es grave.

Previsión para el futuro: Con un poco más de ayuda puede terminar su formación y encontrar un trabajo.

Managua, 11 noviembre 1997

8 ¿Qué pasó? *(G §§ 82, 83)*

Cuenta en unas diez frases tus experiencias de ayer o del fin de semana pasado. ¿Fueron normalísimos y no tienes nada que contar? Entonces inventa algo que podría haberte pasado. Escribe el texto en tu cuaderno. (… das dir hätte passieren können …)

9 ¿Con quién hablo? *(G § 85)*

Une la línea telefónica entre las personas que hablan una con otra y da una respuesta a cada pregunta. Utiliza uno de los verbos de la casilla.

conseguir / leer / decir / hacer / saber / olvidar

10 ¿Lo hiciste? Sí, lo hizo.

a) Busca las palabras que sufren el mismo cambio ortográfico y escríbelas en las columnas de abajo. Cuidado: no hay 5 palabras para cada grupo. (… die gleiche orthographische Veränderung aufweisen …)

abrazan, bracito, felices, fuego, abracé, ~~hiciste~~, jugamos, buscar, manga, busqué, blanco, manguita, tacita, elijo, cojo, ~~hizo~~, eligen, chica, jugué, blanquísimo, feliz, coges, brazo, taza, fueguito, chiquita

hizo	hiciste						

b) Completa las palabras.

1. Ayer to____é la guitarra, pero no le gustó a mi padre.
2. Estos chicos están lo____ísimos: van en bicicleta por Madrid.
3. Mi hijo, a los tres años, ya tiene una ami____ita.
4. Me diri____o a usted para una información importante.
5. Pa____é el zumo, salí del café y cru____é la calle.
6. ¿Quedamos en la pla____ita al lado de mi casa?
7. Todavía un esfuer____ito, y llegamos: La casa está cer____ita. Y entonces vamos a hacer un buen fue____ito.
8. No ha llovido desde hace mucho tiempo y las plantas están se____ísimas.
9. Espera, entonces co____o la primera calle a la izquierda, después si____o todo recto…

11 Enigmas en el diccionario *(Rätsel im Wörterbuch)*

a) Traduce estas frases con la ayuda del fragmento del diccionario.

gehen ⟨ging, gegangen⟩ **1.** *vi* caminar, andar; (*ins Ausland*) ir; (*abfahren*) partir; (*Teig*) subir; (*hinein~, passen*) entrar (*in +akk* en), caber (*in +akk* en); (*weg~*) marcharse, irse; (*laufen*) marchar, funcionar; (*sich erstrecken*) extenderse; (*andauern*) durar; (*möglich sein*) ser posible; **2.** *vt* (*Weg, Strecke*) recorrer; **3.** *vi unpers:* **wie geht es [dir]?** ¿cómo estás?; **mir/ihm geht es gut** estoy/está bien; **in Urlaub ~** ir de vacaciones; **das Zimmer geht nach Süden** la habitación da al sur; **ein Raunen ging durch die Menge** un murmullo recorrió la multitud; **geht das?** ¿es posible [hacerlo]?; **geht's [noch]?** ¿puede[s] todavía?; **es geht** no está mal, así, así; **das geht nicht** no es posible; **es geht um etw** se trata de algo;

Merce geht ein Jahr nach Deutschland.

____

Meine Stereoanlage geht nicht.

____

Das Obst geht nicht in die Tüte.

____

Das Brot muss noch gehen.

____

Klaus? Ihm geht es gut. Er hat mich heute morgen angerufen.

____

– Hat dir der Film gefallen? – Es geht.

____

Im Hotel haben wir leider ein Zimmer, das nach Norden geht.

____

– Gehen wir heute Abend ins Kino? – Das geht nicht, heute Abend kommt deine Mutter!

____

b) Haz un enigma con el diccionario para tus compañeros y compañeras: Busca en el diccionario una palabra con diferentes significados. Escribe algunas frases que tienen que traducir tus compañeros o compañeras. Y, claro, tú tienes que tener la traducción también para controlar.
(Ten cuidado con las diferentes formas, especialmente las formas de los verbos. Si no estás seguro/a, busca la traducción en la parte español-alemán del diccionario y lee la información sobre la conjugación.)

UNIDAD 8 C

1 Mi viaje a ...

Queréis viajar a un país latinoamericano. Vais a una agencia de viajes y queréis saber todo sobre vuestro viaje: ¿dónde?, ¿adónde?, ¿quién?, ¿qué?, ¿cuándo?, ¿cómo?, ¿cuánto? Preparad en parejas o grupos el diálogo entre la empleada y vosotros, los viajeros.
Para tener buena información sobre el país, buscad en vuestro libro de geografía, en guías del país – muchas veces hay algunas en la biblioteca –, o preguntad en una agencia de viajes en vuestro barrio.

2 Un país de Latinoamérica

Con la información que has buscado para el ejercicio 1, escribe un artículo sobre este país. El ejercicio 6 en la página 93 del libro del alumno y la rúbrica «Así se dice» en la página 95 te pueden ayudar para estructurar el artículo.

3 Ramiro cuenta

Auch hier musst du möglichst genau übersetzen!

Traduce el texto en tu cuaderno.

Meine Familie stammt aus Cuzco, wo ich von 1975 bis 1988 lebte. Jetzt wohne ich in Lima, der Hauptstadt von Peru. Lima mit seinen 7 Millionen Einwohnern ist eine riesige Stadt. Ich ging mit 13 Jahren aus Cuzco weg und kehrte vor zwei Jahren während der Sommerferien zum ersten Mal (dorthin) zurück. Ich machte mit einigen Freunden aus Lima Urlaub. Wir wanderten nach Machu Picchu. Aber dieser Ort taugt nicht dazu, einige ruhige Ferientage zu verbringen. Deshalb fuhren wir ans Meer. Am Anfang gefiel uns das unheimlich gut, aber nach einigen Tagen langweilten wir uns. Jetzt zogen wir alle die Berge dem Meer vor. Ich werde wieder (*otra vez*) nach Machu Picchu fahren – im Winter, ohne Touristen.

4 ¿De dónde soy?

¿De qué país son estas personas? La descripción que dan de su país y la información en el libro del alumno te ayudan.

Soy Cristina. La capital de mi país se llama (casi) igual que el país. Es un país pequeño comparado con los países enormes de Sudamérica. Rigoberta Menchú, Premio Nobel de la Paz en 1992, vive en mi país.

Soy Victoria. En los Andes, uno de los tres paisajes típicos de mi país, empiezan varios ríos que se unen para formar el Amazonas. En el sur del país hay un lago muy grande.

Soy Gabriela. El país donde vivo es muy, muy largo y muy estrecho: Hay sólo unos 200 km desde el Océano Pacífico hasta la frontera, pero unos 4000 km de norte a sur.

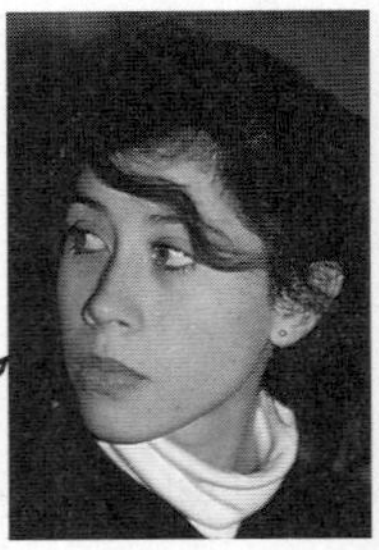

Me llamo Julio Vivo en un país que limita con los EE. UU. Muchos habitantes de mi país han emigrado allí.

Mi nombre es Ernesto. Mi país es muy grande, creo que es el segundo país de Sudamérica. Vivo en el sur donde vive poca gente pero muchísimos animales.

Me llamo Ramón. Vivo en una isla preciosa. Pero vivir aquí no es fácil y mucha gente quiere salir del país. Cruzan el mar para llegar a los EE. UU.

limitar con grenzen an – **una isla** Insel
el Premio Nobel de la Paz *hier:* Friedensnobelpreisträgerin

1. Victoria es de ________________.
2. Julio es de ________________.
3. Ramón vive en ________________.
4. Cristina es de ________________.
5. Gabriela es de ________________.
6. Ernesto vive en ________________.

MÓDULO 1

1 

a) Cada signo es una letra, y siempre la misma. Ya tienes la primera palabra. ¿Cuáles son las otras? (Para ayudarte: Todas son palabras que has aprendido en el módulo 1 y de todas conoces ya una palabra de la misma familia (o has aprendido una palabra de la familia también en este módulo.)

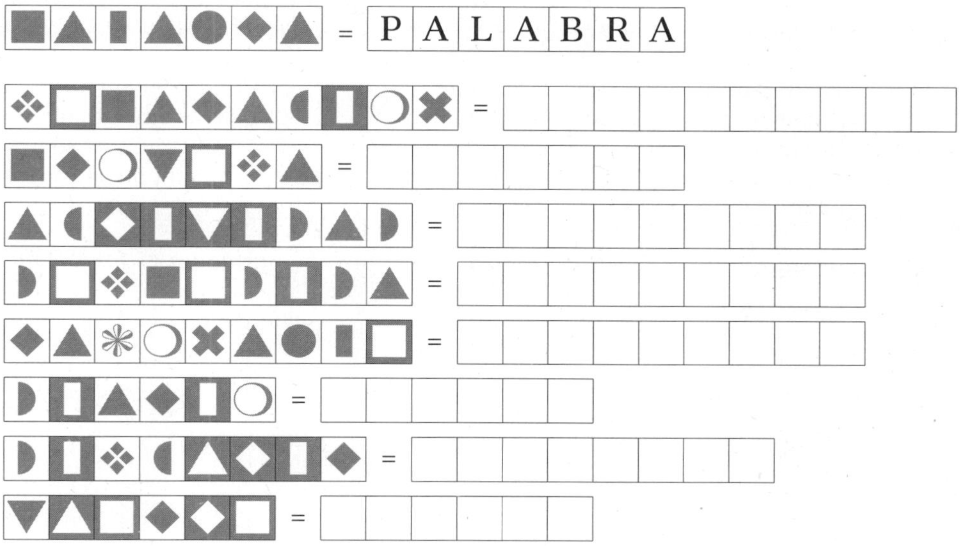

b) ¿Cuál es el título? ______________

2 ¡Naturalmente! (G § 87)

Aquí tienes una lista de adjetivos que ya conoces o que entiendes por palabras alemanas o inglesas. Busca en el texto «Un día de diario» del libro del alumno los adverbios derivados de estos adjetivos. (... die von diesen Adjektiven abgeleiteten Adverbien.)

Adjetivo	*Adverbio*	*¿Cómo se forma el adverbio? Explica en alemán. (Wie bildet man ...)*		
activo	*activamente*	______________		
justo	______________	______________		
perfecto	______________	______________		
natural	______________	*Ahora forma tú los adverbios derivados de estos adjetivos.*		
probable	______________	abierto ______________	dulce ______________	
verdadero	______________	necesario ______________	triste ______________	
fácil	______________	concreto ______________	igual ______________	

3 ¡Qué lástima! (Wie schade!) (G § 87)

Pon el adverbio adecuado en los espacios vacíos para expresar mejor la idea. (... in die Leerräume ...)

1. La pandilla quiere organizar la fiesta de despedida de Barbara, ______________ el día 3.
2. ______________ va a ser una fiesta estupenda.
3. Pero Chema ______________ no puede venir.
4. ______________ tiene tiempo todos los días, pero el 3 ______________ se va de vacaciones.
5. Ésta es una situación ______________ triste.
6. ¡______________ tenemos que cambiar el día!

probablemente · naturalmente · verdaderamente · seguramente · probablemente · justamente · normalmente

4 *Dilo más exactamente* (*Sag es treffender*)

Ya lo sabes: algunos adverbios tienen otro significado que los adjetivos. Busca los adverbios que corresponden a las expresiones en la lista de abajo y tradúcelas al alemán. El resto de la frase te ayuda.

1. Sus padres lo han pensado suficientemente.
2. Próximamente el padre de Jesús va a mudarse.
3. Raramente Jesús ha estado separado de su padre.
4. Sin embargo Jesús lo sabe perfectamente: su padre lo quiere mucho.
5. Probablemente lo va a ver a Gijón muchas veces.
6. Ésta es una situación enormemente complicada.
7. La situación es igualmente difícil para su madre.
8. Últimamente sus vidas han cambiado muchísimo.

a lo mejor *probablemente / wahrscheinlich*

pronto ______

pocas veces ______

bastante ______

muy, muy ______

muy bien ______

también ______

hace poco ______

Ideas y sugerencias

Synonyme (= gleichbedeutende Wörter) scheinen ein sprachlicher Luxus zu sein. Und natürlich ist es zuerst einmal wichtig, dass du etwas auf eine Weise in der Fremdsprache sagen kannst. Synonyme sind aber auch nützlich, vor allem um nicht immer wieder die gleichen Wörter verwenden zu müssen.
Wenn du ein Synonym zu einem Wort kennst, dann notiere es ebenfalls in deiner Vokabelkartei (auf der Rückseite, zusammen mit der deutschen Bedeutung). Damit du es beim Arbeiten mit der Kartei nicht übersiehst, bringst du auf der Vorderseite eine zusätzliche Markierung an, z. B. (=) für Synonym. Wenn du möchtest, kannst du das Gleiche auch mit Antonymen (= Gegenteil) und anderen nützlichen Informationen machen. Denk dir auch für diese jeweils eine Markierung für deine Karteikarte aus.

5 *¡Todo está prohibido!* (*G § 86*)

Estos símbolos y señales te informan de lo que no puedes hacer. Exprésalo con imperativos negativos.

No pongas posters u otros papeles aquí.

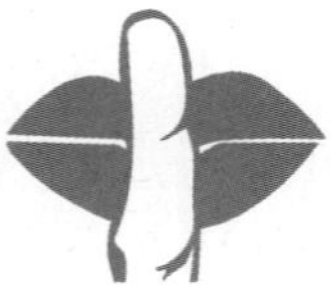

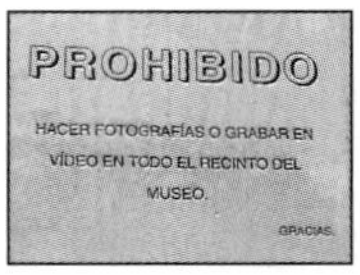

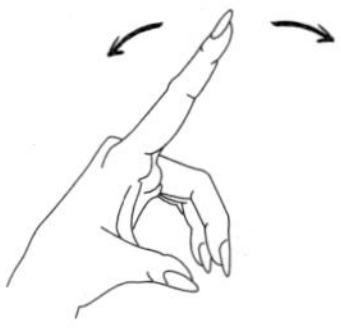

el paraíso Paradies

6 Costumbres de Granadilla (Bräuche …) (G § 86)

La vida en grupo no siempre es fácil. Por eso hay algunas reglas que tenemos que respetar. Aquí tenéis información sobre la vida en Granadilla. Trabajad en grupos. Imaginaos que estáis allí y tenéis que preparar un póster con esas reglas para los jóvenes que vienen después. Utilizad imperativos afirmativos o negativos en cada regla. El póster tiene que ser claro – no repitáis todas las explicaciones – y bonito – podéis ilustrar las reglas con dibujos, por ejemplo –.
(Hay un montón de palabras desconocidas, pero ¡ánimo!: Vais a entender muchas; otras no tenéis que entender, porque no es necesario repetir todas las palabras en el póster.) (… nur Mut! …)

COSTUMBRES DEL LUGAR

GENERALES SOBRE LA ACTIVIDAD

- Vivimos en comunidad, por eso debemos respetar las casas de los otros, los animales y plantas, … y a las personas con las que vivimos.
- Está totalmente prohibido el consumo de bebidas alcohólicas y todo tipo de drogas.
- No fumamos en sitios cerrados (= habitaciones, salas de estar…). Cuando fumas, tienes que apagar bien el cigarrillo para evitar incendios.
- A partir de las 23:30 h. hay personas que duermen. Intenta no hacer ruido.
- El embalse es peligroso. Está prohibido nadar en él.

DE FUNCIONAMIENTO

- Antes de bajar a desayunar dejamos los cuartos limpios y ordenados. Eso nos facilita la vida a todos.
- Los empleados trabajan con vosotros pero no para vosotros: Todos ayudamos en la cocina, el comedor…
- Tenemos un horario para el trabajo, las actividades, las comidas… La vida en común es difícil si todos no son puntuales.
- No movemos ni sacamos de las casas armarios, camas… u otro tipo de mobiliario.
- En este pueblo existe un ambicioso programa de reciclado de basuras, en el que todos participan – vosotros también, por favor –.
- Por respeto a la naturaleza tampoco malgastamos el agua y la energía eléctrica.

Gracias.

EL EQUIPO DE GRANADILLA

prohibido, -a verboten – **fumar** rauchen – **cerrado, -a** ↔ abierto, -a – **evitar** vermeiden – **un incendio** fuego – **el ruido** Lärm – **un embalse** Stausee – **un horario** horas para empezar y terminar algo – **malgastar** verschwenden

7 Puntos culminantes de mi vida (Höhepunkte …) (G § 89)

vacaciones
fiesta
cumpleaños
viaje
película
comida
día
trabajo
excursión

interesante – bonito – triste – peligroso – importante – fácil – gracioso – rico – difícil – necesario

Piensa en los momentos más bonitos o más tristes de tu vida y descríbelos. Escribe también por qué ese momento fue la experiencia más positiva o más negativa. Aquí tienes algunas ocasiones sobre las que puedes escribir y algunos adjetivos que puedes utilizar. Naturalmente puedes escribir sobre otros momentos si quieres. Escribe 10 frases en tu cuaderno.

Ejemplo:

Mi cumpleaños más gracioso fue el año pasado, cuando mi perro se cayó en la tarta y mi tío contó chistes todo el día. La fiesta más triste fue en 1990 porque no vino mi amigo Carlos.

caerse caer sin querer
un chiste Witz

8 Las vacaciones de Jesús (G § 88)

Busca las partes de las frases que van juntas (normalmente son 2, una vez son tres) y únelas con que *o* lo que.

El padre de Jesús se va a Gijon

Jesús va a pasar las vacaciones en Granadilla

En el pueblo va a ver a sus primos

Allí pueden participar en muchas actividades diferentes

Sin embargo los otros tienen que comer

En la cocina van a trabajar algunos jóvenes

Por suerte hay también una empleada con experiencia

Jesús y su madre se van a mudar a un piso de la calle Cervantes

que

lo que

no ha visto desde hace un año.

significa que sus padres se van a separar definitivamente.

les van a gustar.

acaban de comprar.

tienen que hacer.

no saben preparar la comida.

ellos preparan.

va a enseñarles

le va a ayudar a olvidar la situación familiar.

9 Siempre más (G § 89)

Compara los objetos de cada línea. ¿Cuál es el más grande, antiguo, ...?

año de constr. | siglos XII y XIII | siglos XVI–XVII | siglo XII

superficie | 504.782 km² | 1.141.748 km² | 2.780.092 km²

altura máxima | 6959 m | 3404 m | 3478 m

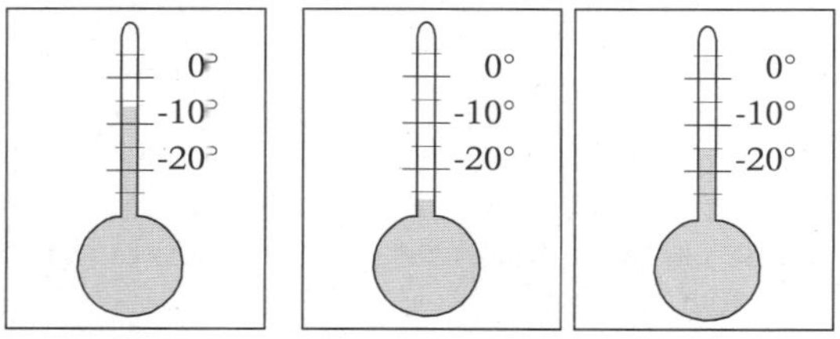

temperatura media en la Antártida | enero | agosto | marzo

La catedral de Salamanca es (una iglesia) antigua. La catedral de Santiago de Compostela es más antigua (todavía). Sant Climent de Taüll es la iglesia más antigua de las tres.

año de constr.	1974	1986	1997

10 Jesús no quiere irse

Aquí tienes información sobre una conversación entre Jesús y su madre. Escríbela en español. Ya sabes: no es necesario traducir cada palabra, pero no cambies el sentido.

Jesús weiß, dass seine Mutter sehr traurig ist und will deshalb offen mit ihr sprechen. Er weiß nämlich nicht, was er mit der Reise nach Granadilla machen soll.

Die Mutter redet ihm zu, die Fahrt zu machen, die ihm sicher auch gefallen wird. Außerdem wird er dort neue Freunde finden, was ihm in dieser Situation helfen wird, die auch für ihn nicht einfach ist.

Jesús will nicht, dass ihm die Mutter Ratschläge gibt. Er hat über alles, was passiert ist, nachgedacht und will in den Ferien lieber bei ihr bleiben; er will sie nicht auch verlassen.

Die Mutter sagt, er soll das nicht sagen: er verlässt sie (doch) nicht. Klar, normalerweise haben sie die Ferien alle zusammen verbracht, und dieses Jahr wird alles anders sein, was für sie schwierig ist. Aber Jesús soll nicht vergessen, dass sie nicht alleine sein wird, denn die Großmutter kommt ja.

Jesús gibt zu, dass es da noch eine andere Sache gibt: das Abschiedsfest von Barbara ist am 3., was bedeutet, dass er nicht da sein wird.

Die Mutter meint, dass es also das ist: er wird natürlich nur seine Freundin vermissen und nicht sie.

Jesús bittet sie, das nicht zu glauben. Das ist nicht wahr und sie weiß das auch.

Die Mutter glaubt, eine Lösung gefunden zu haben: Jesús soll Barbara einige Tage vorher einladen (*invitar*) und dann nach Granadilla fahren. Sie fordert ihn auf, nicht mehr an sie zu denken.

Jesús erklärt, dass er einverstanden ist, aber nur unter (*con*) einer Bedingung: die Mutter darf nicht allein zu Hause sitzen, sie soll sich amüsieren, mit ihren Freundinnen oder der Großmutter ausgehen und vielleicht wird sie auch einen anderen Mann kennen lernen.

Die Mutter bittet Jesús, von so etwas noch nicht zu sprechen. Alles (= jedes Ding) zu (*a*) seiner Zeit.

MÓDULO 2

1 Personajes españoles

Aquí están algunos de los personajes que habéis conocido en el libro del alumno.
Trabajad en parejas. A se imagina que es uno de ellos y B le hace preguntas sobre su vida. Haced una entrevista de al menos tres preguntas y respuestas, después intercambiad los papeles. Utilizad la información del texto «Déjate de historias» y del ejercicio 1 (libro del alumno, p. 104). (... tauscht die Rollen ...)

2 Tengo cosas estupendas (G § 89)

Habla de cosas estupendas que presuntamente tienes o que has hecho. Exagera al máximo. Utiliza superlativos o las expresiones en la casilla. (... die du angeblich hast ... Übertreibe möglichst viel.)

super (+ adj.)
un montón de (+ sust.)
fenomenal / estupendo, -a

3 Una situación extraordinaria

a) ¿Qué pueden decir estas personas en cada caso?

1. Tu padre ve una araña en la cama. ______________________
2. El pequeño Carlos dice a Javier: «Mi padre tiene el coche más grande del mundo.» ______________________
3. Has terminado el libro de español. ______________________
4. La madre de un amigo/una amiga te ofrece un zumo pero tú no lo quieres. ______________________
5. Todos los días el autobús para ir al instituto está lleno y no puedes subir. ______________________
6. Quieres ayudar a una señora a cruzar la calle pero ella quiere hacerlo sola. ______________________
7. En la calle ves a un amigo/una amiga que no responde a tu saludo. ______________________

b) Inventa una frase para una de las personas en el dibujo o un pequeño diálogo entre ellas.

una araña Spinne – **un saludo** Gruß

4 Hemos aprendido muchísimo

a) Trabajad en grupos de 5 ó 6. Escribid 30 preguntas sobre lo que habéis aprendido este año en español. Haced 10 preguntas sobre España o Latinoamérica, 10 preguntas sobre la gramática y 10 preguntas sobre el vocabulario y escribidlas cada una en un pequeño papel. Escribid las respuestas en otro papel.

b) Intercambiad las preguntas con otro grupo y jugad: Poned los papeles con las preguntas (cara abajo) en la mesa. Con un dado determinad, quién empieza. La primera persona elige un papel, lee la pregunta y responde. Si la respuesta es correcta, se queda con el papel y continúa. Si la respuesta no es correcta, lo devuelve y la segunda persona elige uno. ¿Quién tiene más papeles al final?

5 Participios pasados (G § 92)

a) Ya conoces algunos verbos y sus participios utilizados como adjetivos. Completa esta lista:

abrir		acostumbrarse	avanzar			
abierto	aburrido			conocido	divertido	(Estados) Unidos

b) Algunas palabras que has conocido como adjetivos son en realidad participios. Busca los verbos que son la base de estos participios y controla la forma y el significado en el diccionario.

asustado	asustar / asustarse	asustar: erschrecken / asustarse: sich fürchten
cansado		
desconocido		
desilusionado		
empapado		
hinchado		
pasado		
situado		

c) A veces los participios son también base de sustantivos e incluso son más utilizados que los verbos y participios. Busca los verbos como en la parte b) del ejercicio.

bebida	beber	trinken
comida		
cuidado		
empleado		
entrada		
herida		
partido		
pasado		
propuesta		
resultado		
tostada		

Ideas y sugerencias

Wenn du solche Beziehungen zwischen Wörtern kennst, kann dir das helfen, unbekannten Wortschatz zu erschließen (siehe dazu auch SchB S. 51 und S. 134). Versuche aber nicht, selbst auf diese Weise spanische Wörter zu bilden, die du nicht kennst, denn eine Sprache ist nicht immer berechenbar. So heißt das entsprechende Verb zu *apellido apellidarse* und zu *marido* oder *espada* gibt es gar keine heute gebräuchlichen Verben mehr. Kontrolliere deine Ergebnisse auf jeden Fall immer in einem Wörterbuch.

6 Frases no acabadas (G § 92)

a) Busca en la sopa de letras de al lado los 17 participios que faltan en las frases de abajo. Cuidado: hay palabras de abajo a arriba (↑), de derecha a izquierda (←) y en diagonal (↗ ↘).

D	A	R	H	E	C	H	O	N	S	I	L
Q	I	A	J	T	O	A	E	C	O	Z	D
O	A	B	A	N	D	O	N	A	D	O	S
D	P	I	U	I	A	N	T	R	I	S	E
A	S	E	D	J	B	U	R	Y	C	A	P
Z	H	R	V	P	A	G	A	D	O	T	A
E	E	T	O	A	C	D	D	U	N	I	R
P	C	O	H	S	A	M	A	L	O	R	A
M	H	S	C	A	T	I	N	S	C	C	D
E	A	D	I	D	N	E	C	N	E	S	O
L	I	E	D	O	O	D	A	T	N	E	S

prometer versprechen
un ojo Auge

1. Un trabajo ______________ hay que terminarlo.
2. Camarero no es un trabajo bien ______________.
3. Una ocasión ______________ nunca va a volver.
4. Con la televisión ______________ no puedo estudiar.
5. En el siglo ______________ España perdió sus últimas colonias en América.
6. Él ha perdido todo; es un hombre ______________.
7. En las ciudades de Latinoamérica viven muchos niños ______________.
8. Me gustan más las historias ______________ que las (historias) ______________.
9. Mi abuela es una mujer bien ______________ en años y nunca sale de su casa.
10. Pedro ha dejado bien ______________ el problema y no vamos a hablar más de ello.
11. Cosa ______________: mañana vamos a Madrid ¡y tú vienes con nosotros!
12. Ayer María prometió mandarme un libro. ______________ y ______________: esta mañana lo he recibido.
13. Hay que estar con los ojos ______________: este hombre es peligroso.
14. Los padres de Jesús ya no se entienden y desde hace un mes Jesús es hijo de padres ______________.
15. Pedro Calderón de la Barca y Lope de Vega son escritores muy ______________ del Siglo de Oro.

b) Traduce las frases en tu cuaderno. Atención: a veces los participios tienen un sentido figurado. Mira bien el resto de la frase que te ayuda a encontrar la traducción adecuada. Intenta hacerlo sin el diccionario. (… eine übertragene Bedeutung …)

7 Un día en América…

a) Cuenta lo que pasa en la caricatura del dibujante español Santiago: ¿quién es el hombre a la izquierda del dibujo?, ¿dónde está?, ¿qué hace allí?…

____

____

____

b) ¿Te parece gracioso el dibujo? ¿Por qué (no)?

____

____

____

____

8 España en los siglos pasados (G § 91)

Edad Media

- 711 – principio de la conquista árabe de España
- 1216 – Domingo de Guzmán funda los Dominicos.
- 1os años del siglo XIII – *El cantar de Mio Cid* (autor anónimo), obra importante de la literatura española y al mismo tiempo propaganda en la Reconquista
- 2.1.1492 – El rey árabe Boabdil entrega Granada a los Reyes Católicos.
- 12.10.1492 – Colón llega a América.
- 25.12.1492 – Colón funda La Navidad, la 1ª colonia europea del Nuevo Mundo en La Española (hoy Haití).
- 1499 – Aparece *La Celestina*, obra más importante del teatro en la Edad Media.

siglo XVI

- 1516 – Carlos I, el rey más poderoso de Europa, sube al trono de España.
- sept. 1522 – Juan Sebastián Elcano vuelve a España después de dar la 1ª vuelta al mundo.
- 1571 – Los cristianos (la Liga Santa) vencen a los turcos en la batalla de Lepanto.
- 8.8.1588 – La flota inglesa vence a la *Armada Invencible* española.

siglo XVII

- 1609 – El gobierno expulsa a los moriscos.
- 1605 – Cervantes publica la primera parte del *Quijote*.
- 23.4.1616 – muerte de Cervantes y Shakespeare
- 1621–1665 – Felipe IV reina en España.
- 1656 – Velázquez pinta *Las Meninas*.

siglo XVIII

- 1700 – Carlos II muere sin hijos. Con él termina la dinastía de Habsburgo en España. Con Felipe V empieza la dinastía de los Borbones.
- 1714 – Se funda la Real Academia de la Lengua.
- 1713 – En la Paz de Utrecht, España pierde sus posesiones europeas y Gibraltar.
- 1743 – Nace el 1er periódico en lengua española de Latinoamérica (la *Gaceta de Lima*).

siglo XIX

- 1808 – Las tropas franceses entran en España. Napoleón, emperador de Francia, hace a su hermano José rey de España.
- 1818 – Fernando VII funda el Museo del Prado.
- 1873–1912 – Benito Pérez Galdós cuenta la historia de España del siglo XIX en 46 novelas.
- 1811–24 – Muchas colonias americanas consiguen su independencia.
- 1898 – España pierde sus últimas colonias en la guerra con los EE. UU.
- 1898 – Los intelectuales, sobre todo los escritores, caen en una depresión. Así nace una literatura nueva en España.

entregar algo etw. übergeben – **una vuelta** *aquí:* Weltumsegelung – **vencer a u.p.** jdn. besiegen – **un morisco** descendiente (Nachkomme) de árabes que se quedó en España y fue cristiano – **reinar** herrschen – **pintar** malen – **fundarse** gegründet werden – **una guerra** Krieg

a) Haz una red de vocabulario con el tema «historia de España». (En este ejercicio hay algunas palabras que no has aprendido pero que entiendes. Ponlas también en la red, junto con la traducción alemana. Contrólalas con el diccionario.)

b) Escribe en tu cuaderno un texto sobre la historia de España desde la Edad Media hasta el siglo XIX.

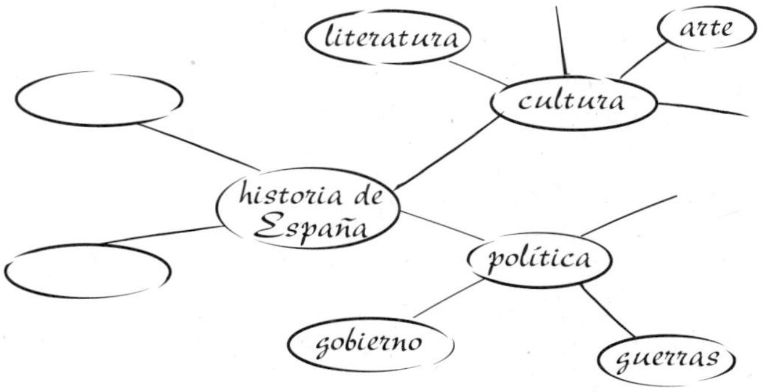

En 711 empezó la conquista árabe...

9 Pero... ¿y tu historia? (G § 91)

Hasta ahora has aprendido algunas fechas de la historia de España, pero tú también eres importante. Apunta las fechas importantes de tu vida o de la vida de tu familia y prepara un pequeño texto para contarlo en clase.

Nací el 26 de noviembre de ...

10 Don Quijote y los molinos de viento (G § 90)

Un día, Don Quijote y Sancho Panza salen de casa; Don Quijote sobre su caballo Rocinante y Sancho Panza sobre su asno. Don Quijote busca aventuras, como siempre. De camino, después de un tiempo, ven algo

—Ves allí, amigo Sancho Panza, unos treinta gigantes peligrosos. Yo pienso hacer batalla con ellos y esto va a costarles la vida a todos. Así podemos vivir en paz. —dice Don Quijote.

—¿Qué gigantes? —pregunta Sancho Panza.

—Aquéllos que están allí, de brazos enormes.

—Pero aquéllos no son gigantes sino molinos de viento y esas cosas que os parecen brazos son las aspas que, movidas por el viento, hacen funcionar el molino.

—Veo bien que no tienes experiencia en las aventuras: son gigantes. Además tienes miedo, entonces quédate aquí y espera. Yo voy a entrar con ellos en una terrible batalla.

Don Quijote da de espuelas a Rocinante. En este momento se levanta un poco de viento y las grandes aspas empiezan a moverse. Don Quijote les avisa: «Yo no tengo miedo. Me he preparado para la lucha.»

Avanza contra el primer molino y le da un golpe en el aspa. El viento mueve las aspas muy deprisa. La lanza se rompe, Don Quijote cae de su caballo y no se puede levantar. Sancho Panza va hacia él muy deprisa.

—¡Dios mío! ¿Por qué no me habéis escuchado? Éstos son molinos de viento y sus aspas son peligrosas cuando uno está demasiado cerca...

—Déjame en paz amigo Sancho. Cuanto más pienso, más estoy seguro de esto: Aquel Frestón ha cambiado estos gigantes en molinos porque no quiere dejarme la gloria. Pero, al fin, sus malas artes no pueden nada contra mi espada.

—Con la ayuda de Dios —responde Sancho Panza.

Sancho ayuda a Don Quijote a levantarse y a subir a Rocinante. Así vuelven los dos a casa.

un molino de viento Windmühle – **un caballo** Pferd – **un asno** Esel – **un gigante** una persona muy muy grande – **el aspa** *f* (Windmühlen-)Flügel – **dar de espuelas al caballo** dem Pferd die Sporen geben – **un golpe** Schlag – **romperse** ← roto, -a – **cuanto más** je mehr – **Frestón** legendärer Zauberer; Don Quijote glaubt, dass dieser ihm übel mitspielt

Responde a estas preguntas. Utiliza el estilo indirecto.

¿Qué dice Don Quijote cuando él y Sancho Panza ven los molinos de viento?

Pregunta si Sancho Panza ve ______

______

¿Qué dice Sancho Panza sobre los «gigantes»? ______

______

¿Qué responde Don Quijote? ______

______

¿Qué dice Don Quijote a los «gigantes»? ______

¿Qué pregunta Sancho Panza cuando Don Quijote ha caído al suelo? ______

______

¿Qué dice Don Quijote sobre toda la aventura? ______

______

______

¿Qué dice el texto sobre el final de la aventura? ______

______

11 ¡No se interesan por la historia! (G § 90)

*En tu instituto hay un grupo de un instituto español, entre ellos una profesora de historia. Un día, en el patio del instituto durante el recreo, vuestro profesor de historia se encuentra con su colega española. Él sabe **muy** poco español y ella no habla alemán. Por eso tú eres el intérprete. Utiliza el estilo indirecto para tu traducción.*

Herr König	tú	señora Rey
Buenas días, Frau Kollegin!	La profesora le pregunta ______ ←	**Buenos** días, colega. ¿Qué tal?
Schlecht, sehr schlecht! →	______ →	¿Por qué? ¿Qué ha pasado?
Ich komme gerade aus einer riesigen Klasse mit 33 Schülern, die sich gar nicht für (die) Geschichte interessieren (*interesarse por*). Ich frage mich, was ich machen soll. (=kann)	← ______ → ______ ______ ______ →	Bueno, a lo mejor sólo no les interesa la época de la que habla en este momento.
Letzte Woche habe ich vom Entdecker Amerikas und von den Katholischen Königen gesprochen, und heute bin ich zum Goldenen Zeitalter übergegangen. Ist das nicht interessant?	← ______ ← ______ → ______ ______ ______ ______ →	Claro que sí. ¿Cómo sabe que eso no les interesa a los alumnos? ¿Qué hacen en clase?
	← ______ ______ ______	
Sie haben nicht zugehört, sondern alle haben gemalt und die Geschichte Spaniens in einen Comic verwandelt. Ich werde Ihnen die Zeichnungen zeigen.	← ______ → ______ ______ ______ →	¡Una idea excelente! ¡El cómic es precioso! Muestra que los alumnos y alumnas han entendido bien la historia de España.
Denken Sie wirklich so? Na ja, vielleicht haben Sie recht. Ich werde noch einmal mit meiner Klasse sprechen.	← ______ ← ______ → ______ ______ ______	

mostrar (-ue-) que zeigen, dass

12 Adiós con el corazón…

El libro se termina. Escribe tu opinión sobre él en unas 10 frases.

Creo que / (no) me gusta(n) (+sust.) / (no) me parece(n) (+adj.) / Pienso que

el corazón Herz – **una parada** Haltestelle

Diccionario

Hinweise zum Inhalt und zur Benutzung dieses alphabetischen Wörterverzeichnisses findest du auf Seite 2. Die Ziffern und Buchstaben geben die Lektion und Übung an, in der das Wort zum ersten Mal verwendet wird, z. B. **1A**, 3 = Unidad 1A, Übung 3. Die Ziffer 0 bezeichnet das Einstiegskapitel *Vacaciones en España*, M steht für *Módulo*.

4 **a** 5 frases **5A**, 5 4 bis 5 Sätze
de ... **a** **6A**, 3 von ... bis
acabado, -a **M2**, 6 vollendet
académico, -a **5B**, 8 akademisch, Studien-
una **actividad** **2B**, 7 eine Aktivität, eine Tätigkeit
actual **5B**, 1 aktuell, augenblicklich, jetzig
adecuado, -a **5C**, 1 passend
además de **8B**, 6 außer
un **adjetivo** **6B**, 7 ein Adjektiv
adjuntar **5B**, 8 beilegen
la **administración** **2B**, 7 die Verwaltung
adonde **6A**, 4 wohin
un **adverbio** **M1**, 2 ein Adverb
una **afirmación** **8B**, 3 eine Behauptung
una **agencia** de viajes **8C**, 1 ein Reisebüro
el **aire** **3A**, 8 die Luft
alcohólico, -a **7A**, 4 alkoholisch
la **alegría** **4B**, 1 die Freude, die Fröhlichkeit
con **alemán** **2B**, 10 mit Deutschkenntnissen
en orden **alfabético** **8A**, 1 in alphabetischer Reihenfolge
alguno, -a **2B**, 7 (irgend-) ein/e/r
una **alternativa** **3B**, 3 eine Alternative
la **altura** **M1**, 9 die Höhe
el libro del **alumno** **4A**, 4 das Schülerbuch
ambicioso, -a **M1**, 6 ehrgeizig
ambiental **3A**, 8 Umwelt-
América *f* **5A**, 2 Amerika
la **América** de lengua española **5A**, 2 das spanischsprachige Amerika
americano, -a **M2**, 8 amerikanisch
una historia de **amor** **4B**, 8 eine Liebesgeschichte
la **Antártida** **M1**, 9 die Antarktis
apagar **M1**, 6 löschen, ausmachen
un **aparato** **0**, 2 ein Apparat, ein Gerät
aparecer **M2**, 8 erscheinen
el **apartado** de Correos **2B**, 7 das Postfach
apuntar algo **6B**, 5 etw. notieren
un **área** *f* **2B**, 7 ein (Arbeits-) Gebiet
un **argumento** **6A**, 4 ein Argument
un **arquitecto** **7A**, 9 ein Architekt
la **arquitectura** **7A**, 9 die Architektur
las Bellas **Artes** **4A**, 8 die schönen Künste
así que **6A**, 1 so dass
poner **atención** a **6B**, 8 Acht geben auf
atentamente **8B**, 7 *höfliche Schlussformel in einem Brief*
el Océano **Atlántico** **3A**, 7 der Atlantische Ozean
un parque de **atracciones** *f pl* **6B**, 3 ein Vergnügungpark
un **autobús** **4A**, 8 ein Bus
un **autor** **M2**, 8 ein Autor, ein Verfasser
Av. **3A**, 1 *Abk. für* avenida
una **avenida** **3A**, 1 eine Avenue, eine große Straße
una **aventura** **M2**, 10 ein Abenteuer
un **avión** **6A**, 4 ein Flugzeug
la **ayuda** al estudio **5B**, 8 die Studienbeihilfe
un **banco** **0**, 2 eine Bank (*Sitzmöbel und Geldinstitut*)
la **base** **M2**, 5 die Basis, die Grundlage
las **Bellas** Artes **4A**, 8 die schönen Künste
una **bibliotecaria** **7B**, 9 eine Bibliothekarin
la **biología** **8A**, 11 (die) Biologie
blanco, -a **4A**, 9 weiß
en **bruto** **3A**, 8 brutto
la **cabeza** **6A**, 6 der Kopf
cada *(+ subst.)* **3A**, 8 jede/r/s
cada hora **7A**, 8 jede Stunde
un **cadáver** **7A**, 1 ein Kadaver, eine Leiche
un **calendario** **3B**, 8 ein Kalender
una **camarera** **2B**, 7 eine Kellnerin
cambiar algo **8B**, 7 etw. ändern
un **camino** **5B**, 7 ein Weg
una **campaña** **3A**, 8 eine Kampagne
un **camping** **7B**, 11 ein Campingplatz
un **campo** semántico **7B**, 2 ein Wortfeld
la **capital** **0**, 4 die Hauptstadt
una **característica** **8A**, 4 eine Eigenschaft, ein (Unterscheidungs-) Merkmal
una **caricatura** **M2**, 7 eine Karikatur
cartearse con alguien **5A**, 12 jdm. (regelmäßig) schreiben
un **cartel** **M1**, 5 ein Plakat
una **cartilla** **5B**, 8 ein Sparbuch
(el) **cartón** **3A**, 8 (der) Karton
una **casilla** **8B**, 9 ein Kästchen
un **Cd** **2B**, 6 eine CD
un **centro** escolar **3A**, 8 ein Schulzentrum
cerrado, -a **4A**, 8 geschlossen
Chemita **5A**, 5 *Koseform für* Chema
un **ciclo** **5B**, 8 ein Zyklus, *hier:* ein Studienabschnitt
la **ciencia** ficción **5A**, 12 Sciencefiction
(las) **Ciencias** Económicas **5B**, 8 (die) Wirtschaftswissenschaften
un **cigarillo** **M1**, 6 eine Zigarette
claro, -a **M1**, 6 klar, deutlich
dar **clases** **5B**, 4 Unterricht geben, unterrichten
clásico, -a **4A**, 5 klassisch
un/una **cliente** **5B**, 4 ein Kunde/eine Kundin
un **club** **5A**, 6 ein Klub
el **código** cuenta cliente **5B**, 8 *ungefähr:* Kundennummer
un **codo** **6A**, 6 ein Ellbogen
un/una **colega** **M2**, 11 ein Kollege, eine Kollegin
un **color** **7B**, 5 eine Farbe
una **columna** **8B**, 10 eine Spalte
una **combinación** **8A**, 6 eine Kombination
combinar algo (con algo) **5A**, 4 etw. (mit etw.) kombinieren/verbinden
algo para **comer** **4A**, 2 etw. zu essen
comerse algo **7B**, 6 etw. (auf-) essen
como **1A**, 8 wie
una **compañera** **1A**, 10 eine Klassenkameradin
comparado, -a con **8C**, 4 verglichen mit
comparar algo con algo **6A**, 4 etw. mit etw. vergleichen
comparativo, -a **3A**, 8 vergleichend, im Vergleich
el **complemento** **7B**, 5 *(gramm.)* das Objekt
un pronombre de **complemento** **7B**, 5 ein Objektpronomen
completamente **7A**, 1 vollständig, vollkommen
completar algo (con algo) **6A**, 5 etw. (mit etw.) vervollständigen
completo, -a **5A**, 10 komplett, vollständig
en **común** **M1**, 6 gemeinsam, in Gemeinschaft
la **comunidad** **M1**, 6 die Gemeinschaft
un **conflicto** **5B**, 4 ein Konflikt
la **conjugación** **8B**, 11 die Konjugation
conjugado, -a **7A**, 3 konjugiert
el año de **construcción** **M1**, 9 das Baujahr
consultar algo **7B**, 3 etw. konsultieren; *hier:* nachschlagen in etw.
consumir **3A**, 8 konsumieren, verbrauchen
el **consumo** **3A**, 8 der Verbrauch
el **contacto** **5B**, 6 der Kontakt
contar (-ue-) **6A**, 1 erzählen
contestar **5A**, 12 beantworten
el **contexto** **7A**, 9 der Kontext
continuar **7B**, 9 weitermachen, weitererzählen
hablar en **contra** de algo **8B**, 3 gegen etw. sprechen
el **contrario** **7A**, 4 das Gegenteil
ni sí, ni no, sino todo lo **contrario** **8A**, 8 weder das eine noch das andere
controlar algo (con algo) **4B**, 2 etw. (mit Hilfe von etw.) kontrollieren, überprüfen
una **conversación** **M1**, 10 eine Unterhaltung
la **Copa** de Europa **4A**, 8 der Europacup
el **corazón** **2B**, 7 das Herz
de todo **corazón** **4B**, 1 von ganzem Herzen
correcto, - a **0**, 3 korrekt, richtig
corresponder a algo **7B**, 7 etw. entsprechen
corriente **3A**, 8 gewöhnlich, üblich
cortar **8A**, 1 (zer-)schneiden
costarle mucho algo a alguien **8B**, 7 jdm. schwerfallen, jdm. (große Anstrengung) kosten
un/una **cotitular** **5B**, 8 *hier:* Kontomitinhaber/in
una **crónica** **8B**, 6 eine Chronik
un **crucigrama** **0**, 1 ein Kreuzworträtsel
un **cuaderno** **5B**, 3 ein Heft
cual **5B**, 8 welche/r/s
la **cuantía** **5B**, 8 die Menge, die Summe
un **cubo** de basura **3A**, 8 ein Abfalleimer
una **cuenta** **5B**, 8 ein Konto
una **cultura** **5A**, 2 eine Kultur
el Ministerio de Educación y **Cultura** **5B**, 8 das Kultusministerium
cursar **5B**, 8 studieren, (e. Kurs) besuchen (*Futur:* cursará)
el **curso** **5B**, 8 Kurs, Studienjahr
el **CV** (= currículum vitae) **2B**, 7 der Lebenslauf
un **dado** **8B**, 5 ein Würfel
un **dálmata** **4A**, 8 ein Dalmatiner (*Hunderasse*)
los **datos** personales **5B**, 8 die persönlichen Angaben
de ... a **6A**, 3 von ... bis
es **decir** **7A**, 3 das heißt, das bedeutet
un **dedo** **6A**, 6 ein Finger

un **defecto** **3A**, 4 ein Defekt, eine Störung
una **definición** **7B**, 7 eine Definition
dejar hacer algo a alguien **7A**, 5 jdn. etw. tun lassen
depertar a alguien **6A**, 2 jdn. aufwecken
la **depresión** **M2**, 8 die Depression
describir algo **7A**, 1 etw. beschreiben
una **descripción** **8C**, 4 eine Beschreibung
desde **7A**, 5 von ... aus; von ... an
deseable **3A**, 8 wünschenswert
desear **5B**, 8 wünschen
el **desempleo** **5B**, 8 die Arbeitslosigkeit
un **deseo** **4B**, 1 ein Wunsch
poco **después** **6A**, 2 kurz danach
detallado, -a **2B**, 7 detailliert, genau
un **detective** **6B**, 2 ein Detektiv
un **determinante** **7A**, 10 ein (grammatischer) Begleiter
determinar **M2**, 1 bestimmen, festlegen
di **5C**, 3 sage
al **día** **6B**, 6 am Tag, pro Tag
un **día** **6B**, 4 eines Tages
el **día** 24 **2B**, 4 am 24.
el **Día** Nacional **5A**, 2 der Nationalfeiertag
hasta otro **día** **4A**, 12 bis bald
los **días** de vacaciones **2B**, 6 die Ferientage
todos los **días** **2B**, 7 jeden Tag
un **día** de fiesta **3B**, 1 ein Festtag, ein Feiertag
diagonal **M2**, 6 diagonal
un **diálogo** **3A**, 7 ein Dialog
dibujado, -a **6A**, 6 gezeichnet
un **dibujo** **3A**, 6 eine Zeichnung
un **diccionario** **8A**, 7 ein Wörterbuch
una **diferencia** **5A**, 9 ein Unterschied
diga **5B**, 8 sagen Sie
una **dinastía** **M2**, 8 eine Dynastie
la **dirección** **2B**, 7 die Leitung, die Führung
(la) **dirección** de empresas **5B**, 8 (das) Management
el complemento **directo** **7B**, 5 das direkte Objekt
en **directo** desde **7A**, 1 direkt aus, *hier:* live von/aus
un **director**/una **directora** **1A**, 10 ein Direktor, ein Leiter/eine Direktorin, eine Leiterin
un **director** (de cine) **1B**, 6 ein Regisseur
una **discoteca** **0**, 2 eine Diskothek
discutir **5B**, 2 diskutieren, besprechen
disfrutó de algo **5B**, 8 er/sie hatte inne/bekam etw.
la **distancia** **5B**, 8 die Entfernung
dividido por **4A**, 1 *(math.)* geteilt durch, dividiert durch
el **domicilio** **5B**, 8 der Wohnsitz, der Wohnort
los **Dominicos** **M2**, 8 die Dominikaner (*Mönchsorden*)
el **dominó** **4A**, 1 (das) Domino
un **dormitorio** **2B**, 7 ein Schlafzimmer, *hier:* ein Zimmer
dramático, -a **4A**, 8 dramatisch, zum Theater gehörig
un **dulce** **5A**, 2 eine Süßigkeit
ecológico, -a **6B**, 6 *hier:* umweltfreundlich
(las) Ciencias **Económicas** **5B**, 8 (die) Wirtschaftswissenschaften
la **educación** **3A**, 8 die Erziehung
el Ministerio de **Educación** yCultura **5B**, 8 das Kultusministerium
EE.UU. (= los Estados Unidos) **2B**, 7 die USA, die Vereinigten Staaten
el **egoísmo** **7B**, 3 der Egoismus, die Selbstsucht
un **ejercicio** **1B**, 5 eine Übung
el (de ...) **4B**, 9 der/derjenige (von ...)
eléctrico, -a **M1**, 6 elektrisch
un **elemento** **7A**, 7 ein Element
una **empleada** **2B**, 10 eine Angestellte
una **empresa** **5B**, 8 eine Firma
encantar **5A**, 12 begeistern
la **energía** **M1**, 6 die Energie
una **entidad** bancaria **5B**, 8 ein Geldinstitut
entre otros, -as **7A**, 3 unter anderem
hacer una **entrevista** a alguien **4A**, 5 jdn. interviewen
entusiasmarse por algo **7A**, 11 sich für etw. begeistern
enviar algo a alguien **2B**, 7 jdm. etw. schicken/senden
una **época** **7A**, 9 eine Epoche
un **equipo** **M1**, 6 eine Mannschaft, ein Team
la **erre** **6A**, 5 das R, der Buchstabe R
un **error** **8A**, 12 ein Fehler
una **escalera** **5B**, 8 eine Treppe, *hier:* ein Treppenaufgang
un centro **escolar** **3A**, 8 ein Schulzentrum
una **escritora** **1B**, 2 eine Schriftstellerin
la **escuela** **8B**, 7 die Schule; *hier:* der Schulbesuch
eso es **8B**, 3 das ist es, genau
español, -ola **1A**, 8 spanisch
el libro de **español** **2A**, 6 das Spanischbuch
una **especialidad** **5B**, 8 eine Spezialität
espectacular **7A**, 9 spektakulär
una **estación** **4A**, 8 ein Bahnhof
una **estadística** **3A**, 4 eine Statistik
una sala de **estar** **M1**, 6 ein Aufenthaltsraum
el **estilo** indirecto **M2**, 10 die indirekte Rede
estrecho, -a **8C**, 4 eng, schmal
estructurar algo **8A**, 2 etw. strukturieren
un/una **estudiante** **2B**, 10 ein/eine Student/in
los **estudios** **5B**, 8 das Studium
europeo, -a **2B**, 7 europäisch
un **examen** **8B**, 7 eine Untersuchung
excelente **5C**, 4 exzellent, ausgezeichnet
existir **7B**, 3 existieren, da sein, vorhanden sein
la **experiencia** **2B**, 7 die Erfahrung
una **explicación** **M1**, 6 eine Erklärung
una **exposición** **4A**, 8 eine Ausstellung
expresar algo **8B**, 3 etw. ausdrücken
una **expresión** **6B**, 10 ein Ausdruck
extraordinario, -a **M2**, 3 außergewöhnlich
una **fábrica** **8B**, 7 eine Fabrik
fabricar **3A**, 8 fabrizieren, herstellen
facilitar **M1**, 6 erleichtern
facilitará **5B**, 8 *hier:* wird zur Verfügung stellen
una **facultad** **5B**, 8 eine Fakultät, ein Universitätsinstitut
falso, -a **7A**, 12 falsch
una **familia** **0**, 2 eine Familie
familiar **5B**, 8 Familien-
a **favor** de algo **8B**, 3 für etw./zugunsten von etw.
una **fecha** **M2**, 9 ein Datum
la **fecha** de nacimiento **5B**, 8 das Geburtsdatum
femenino, -a **4A**, 8 weiblich, Damen-; feminin
un **festival** **4A**, 8 ein Festival
un (día) **festivo** **7A**, 8 ein Festtag, ein Feiertag
una **ficha** de inscripción **3A**, 1 ein Anmeldeformular
un (día de) **fiesta** **3B**, 1 ein Festtag, ein Feiertag
la **flota** **M2**, 8 die Flotte
una **forma** **2A**, 7 eine Form
la **forma** de hablar **8A**, 4 die Art zu sprechen
formar **5A**, 12 formen, bilden
un **formulario** **8B**, 7 ein Formular
un libro de **fotos** **7B**, 9 ein Bildband
una **fotocopia** **5B**, 8 eine Fotokopie
una **fotografía** **4A**, 8 eine Fotografie
un **fragmento** **8A**, 7 ein Fragment, ein Auszug
el **francés** **2A**, 8 Französisch, die französische Sprache
una **frase** **2B**, 6 ein Satz
una **fuente** **3A**, 8 eine Quelle
el **funcionamento** **M1**, 6 das Funktionieren, *hier:* das Zusammenleben
la música **funky** **4A**, 5 Funky-Musik
futuro, -a **7B**, 11 zukünftig
ganarse la vida **8B**, 7 seinen Lebensunterhalt verdienen
un **garaje** **2B**, 7 eine Garage
general **M1**, 6 allgemein
la **gente** **2B**, 10 die Leute
(la) **geografía** **8C**, 1 (die) Geographie
la **gloria** **M2**, 10 der Ruhm
grabar algo **M1**, 5 etw. aufnehmen
muchas **gracias** **2B**, 2 vielen Dank
un **grado** **5C**, 2 Grad, Stufe
la **gramática** **7B**, 3 die Grammatik
un **gramo** **4A**, 3 ein Gramm
un **grupo** **2B**, 7 eine Gruppe
me **gustaría** **5A**, 12 mir würde gefallen, ich würde gern
un **hábito** **8B**, 3 eine Gewohnheit
hacerse amigo/amiga de alguien **2B**, 7 mit jdm. Freundschaft schließen
hasta otro día **4A**, 12 bis bald
un **herido** **7A**, 1 ein Verletzter
hispanohablante **8A**, 4 spanischsprachig
una **historia** de amor **4B**, 8 eine Liebesgeschichte
cada **hora** **7A**, 8 jede Stunde
la **ida** **7A**, 8 die Hinfahrt
idéntico, -a **7B**, 7 identisch, genau gleich
identificar algo **8B**, 4 etw. identifizieren/herausfinden
igual **4B**, 5 egal
ilustrar algo **M1**, 6 etw. illustrieren/bebildern
el **imperativo** **6B**, 4 der Imperativ, die Befehlsform
un **imperativo** negativo **M1**, 5 ein verneinter Imperativ
incluso **M2**, 5 sogar
un determinante **indefinido** **7A**, 10 ein Indefinit-Begleiter
la **independencia** **8B**, 6 die Unabhängigkeit
la **indiferencia** **8B**, 3 die Gleichgültigkeit
el complemento **indirecto** **7B**, 5 das indirekte Objekt
el estilo **indirecto** **M2**, 10 die indirekte Rede
un **infinitivo** **6A**, 8 ein Infinitiv
una **información** **2B**, 7 eine Information
informar a alguien de algo **M1**, 5 jdn. über etw. informieren
una **ingeniera** **1A**, 10 eine Ingenieurin
con **inglés** **2B**, 10 mit Englischkenntnissen
iniciar **2B**, 7 beginnen, (eine Tätigkeit) aufnehmen
el **inicio** **5B**, 8 der Beginn
una ficha de **inscripción** **3A**, 1 ein Anmeldeformular
una **instrucción** **8B**, 4 eine Anweisung
un/una **intelectual** **M2**, 8 ein/eine Intellektuelle/r
inteligente **7A**, 1 intelligent
intentar hacer algo **7A**, 7 versuchen etw. zu tun
intercambiar **5A**, 12 tauschen
el **interés** **3A**, 1 das Interesse
un **interesado** **2B**, 7 ein Interessent

interesar a alguien **8A**, 12 jdn. interessieren
interesarse por algo **M2**, 11 sich für etw. interessieren
internacional **4A**, 8 international
un/una **intérprete** **2B**, 7; **M2**, 11 ein/eine Darsteller/in; ein/eine Übersetzer/in
interurbano, -a **7A**, 8 zwischen Städten
inventar **4A**, 1 erfinden
ir a ver al médico **6A**, 7 zum Arzt gehen
una **isla** **2B**, 7 eine Insel
una **jornada** **4A**, 8 eine Tagesreise
un **juego** **5A**, 12 ein Spiel
un **laberinto** **6B**, 3 ein Labyrinth
un (día) **laborable** **7A**, 8 ein Arbeitstag, ein Wochentag
a tu **lado** **4A**, 9 neben dir
un **lago** **8C**, 4 ein See
una **lanza** **M2**, 10 eine Lanze
largo, -a **8C**, 4 lang(gestreckt)
latinoamericano, -a **7A**, 1 lateinamerikanisch
un **lector** **5A**, 12 ein Leser
una **letra** **3A**, 4 ein Buchstabe
libre **5B**, 8 frei; *hier: Student/in, der/die nicht am gesamten Studienprogramm des Jahres teilnimmt*
el **libro** de español **2A** 6 das Spanischbuch
el **libro** del alumno **4A**, 4 das Schülerbuch
un **libro** de fotos **7B**, 9 ein Bildband
la **Liga** Santa **M2**, 8 die Heilige Liga (Zusammenschluss des Kirchenstaats, Venedigs und Spaniens gegen die Türken)
una **línea** **5A**, 8; **6A**, 3 eine Zeile; eine Linie, ein Strich
la **lista** **5A**, 8 eine Liste
un **litro** **3A**, 8 ein Liter
llamado, -a **4A**, 8 genannt
llevar algo a alguien **6B**, 2 jdm. etw. bringen
llevar alguien a un sitio **8A**, 11 jdn. an einen Ort führen
lo que **M2**, 4 das, was
una **localidad** **5B**, 8 ein Ort
Londres **2B**, 10 London
un **lugar** **M1**, 6 ein Ort
el **lugar** de nacimiento **8B**, 7 der Geburtsort
(la) **madera** **3A**, 8 (das) Holz
morir a **manos** de alguien **8B**, 6 von jds. Hand sterben, von jdm. getötet werden
un **mapa** **7B**, 11 eine Landkarte
marcar **7B**, 5 markieren/kennzeichnen
más **4A**, 1 *(math.)* plus, und
nunca **más** **6B**, 10 nie mehr
masculino, -a **7A**, 3 maskulin, männlich
matemático, -a **4A**, 1 mathematisch
una **materia** prima **3A**, 8 (ein) Rohstoff
la **matrícula** **5B**, 8 die Einschreibung
el **matrimonio** **4B**, 1 *hier:* die Heirat, die Hochzeit
máximo, -a **M1**, 9 maximale/r/s, höchste/r/s
medio, -a **5C**, 2; **M1**, 9 mittlere/r/s; durchschnittlich, Mittel-
el **medio** **5B**, 8 die Mitte
el mar **Mediterráneo** **0**, 1 das Mittelmeer
mejorar **6B**, 5 besser werden, sich verbessern
menos **4A**, 1 *(math.)* minus, weniger
un **millón** **3A**, 8 eine Million
un **minidiálogo** **8A**, 1 ein Minidialog
el **Ministerio** de Educación y Cultura **5B**, 8 das Kultusministerium
un **ministro**/una **ministra** **1A**, 10 ein/eine Minister/in
el **mobiliario** **M1**, 6 das Mobiliar
un **módem** **5B**, 6 ein Modem
el **modernismo** **7A**, 9 der Jugendstil (*Kunststil in den Jahren vor und nach der Wende vom 19. zum 20. Jhd.*)
moderno, -a **3B**, 2 modern
el **modo** del verbo **7A**, 7 der Modus
hasta el **momento** **7A**, 1 bis jetzt
muchísimo(s), -a(s) **4B**, 1 sehr viele
un **mueble** **7A**, 9 ein Möbel
la **muerte** **6B**, 2 der Tod
muerto, -a **3A**, 8 tot
la **música** **0**, 2 die Musik
una revista de **música** **4A**, 5 eine Musikzeitschrift
la fecha de **nacimiento** **5B**, 8 das Geburtsdatum
el lugar de **nacimiento** **8B**, 7 der Geburtsort
nacional **4A**, 8 national
el Día **Nacional** **5A**, 2 der Nationalfeiertag
una **nariz** **6A**, 6 die Nase
natural **M1**, 2 natürlich
(la) **Navidad** **4B**, 1 Weihnachten
necesario, -a **4B**, 10 nötig, notwendig
se **necesitan** **3A**, 8 man braucht
negativo, -a **5B**, 7 negativ, verneint
el imperativo **negativo** **M1**, 5 der verneinte Imperativ
nervioso, -a **4A**, 6 nervös
nevar (-ie-) **7B**, 2 schneien
la **niebla** **7B**, 2 der Nebel
NIF (número de identificación fiscal) **5B**, 8 Steuernummer
de **noche** **6B**, 10 nachts
la **Nochebuena** **4B**, 1 Heiligabend
normal **1A**, 3 normal
una **nota** **6B**, 2 eine Notiz
numerado, -a **6A**, 3 nummeriert
un **número** de teléfono **2B**, 2 eine Telefonnummer
un **número** ordinal **8A**, 10 eine Ordnungszahl
un **objeto** **5A**, 8 ein Objekt, ein Gegenstand
una **ocasión** **M1**, 7 eine Gelegenheit
el **Océano** **3A**, 7 der Ozean
oficial **5B**, 8 offiziell, regulär
una **oficina** **2B**, 10 ein Büro
un **ojo** **6A**, 6 ein Auge
olvidar **2B**, 7 vergessen
una **opinión** **4A**, 7 eine Meinung
una **oración** **7A**, 7 (Haupt-, Neben-)Satz
en **orden** alfabético **8A**, 1 in alphabetischer Reihenfolge
ordenado, -a **M1**, 6 ordentlich
ordenar algo **7B**, 1 etw. ordnen
un número **ordinal** **8A**, 10 eine Ordnungszahl
una **oreja** **6A**, 6 ein Ohr
organizar **6B**, 6 organisieren
el **origen** **4A**, 10 der Ursprung, die Herkunft
una **orquesta** **4A**, 8 ein Orchester
un **pabellón** **4A**, 8 ein Pavillon
un/una **paciente** **5B**, 6 ein Patient, eine Patientin
el Océano **Pacífico** **8C**, 4 der Pazifik
un **país** **5A**, 12 ein Land
una **palabra** **4B**, 5 ein Wort
un **palacio** **7A**, 9 ein Palast
(el) **papá** (*fam.*) **5A**, 5 (der) Papa
para (+ *inf.*) **3A**, 8 um … zu
me **parece** que no/sí. **8B**, 3 Das scheint mir (nicht) richtig zu sein./Ich meine, dass das (nicht) stimmt.
una **pareja** **2B**, 7 ein Paar
un **paréntesis** **6A**, 5 eine Klammer
parlanchino, -a **2B**, 7 redefreudig, schwätzerisch
un **parque** natural **7B**, 11 ein Naturschutzgebiet
un **parque** de atracciones *f pl* **6B**, 3 ein Vergnügungpark
una **parte** **7A**, 4 ein Teil
el **participio** pasado **6B**, 1 das Partizip Perfekt
a **partir** de … **M1**, 6 ab…, von … an
el participio **pasado** **6B**, 1 das Partizip Perfekt
¿qué te **pasa**? **7A**, 5 was ist los mit dir?
percibir **5B**, 8 erhalten (Vergangenheitempus: percibió)
la **pérdida** **2B**, 7 der Verlust
perfecto, -a **M1**, 2 perfekt, genau, richtig
un/una **periodista** **5B**, 4 ein/eine Journalist/in
una **persona** **0**, 2 eine Person
el pronombre **personal** **1A**, 3 das Personalpronomen
los datos **personales** **5B**, 8 die persönlichen Angaben
peruano, -a **4B**, 5 peruanisch, aus Peru
Pfffff **5A**, 5 Igittigittigitt
un **pie** **6A**, 6 ein Fuß
un **piloto** **0**, 2 ein Pilot
un **piso** **2B**, 7 ein Stockwerk
un **plan** **3B**, 10 ein Plan, ein Vorhaben
un **planeta** **3A**, 8 ein Planet
un **plano** **5B**, 4 ein Plan (Karte)
una **plaza** **7A**, 1 *hier:* ein Sitzplatz
el **plural** **8A**, 4 der Plural, die Mehrzahl
poco después **6A**, 2 kurz danach
hace poco **M1**, 2 vor kurzem
un **poema** **6B**, 10 ein Gedicht
la **policía** **2A**, 8 die Polizei
poner alguien en contacto con alguien **5B**, 6 jdn. mit jdm. in Verbindung bringen
por **4A**, 1; **4B**, 5; **M1**, 2 für, anstelle von; (*math.*) mal, multipliziert mit; wegen, aufgrund von
poseer **5B**, 8 besitzen
una **posesión** **M2**, 8 eine Besitzung, ein Besitz
positivo, -a **5B**, 7; **6B**, 5 positiv, bejaht
el c(ódigo) **postal** **5B**, 8 die Postleitzahl
un **póster** **0**, 6 ein Poster
practicar **6A**, 5 üben
el **precio** **4A**, 8 der Preis, *hier:* der Eintrittspreis
una **pregunta** **2B**, 10 eine Frage
una **preposición** **6B**, 8 eine Präposition
la **presentación** **8B**, 7 die Vorstellung
presentarse **8B**, 7 sich vorstellen
el **presente** **8B**, 5 das Präsens
una **prestación** **5B**, 8 eine (Sozial-)Leistung
una **previsión** **8B**, 7 eine Aussicht, eine Voraussicht
una materia **prima** **3A**, 8 (ein) Rohstoff
primero, -a **7A**, 3 erste/r/s
principal **5B**, 8 Haupt-
probable **M1**, 2 wahrscheinlich
un **problema** **1B**, 12 ein Problem
un **proceso** **3A**, 8 ein Prozess, ein Vorgang
un **producto** **4A**, 10 ein Produkt, ein Erzeugnis
un **programa** (de televisión) **5A**, 12 ein Fernsehprogramm, eine Fernsehsendung
prohibido, -a **M1**, 5 verboten
prometer **5A**, 12 versprechen
un **pronombre** **6B**, 8 ein Pronomen
el **pronombre** personal **1A**, 3 das Personalpronomen
un **pronombre** de complemento **7B**, 5 ein Objektpronomen
un **pronombre** reflexivo **7B**, 5 ein Reflexivpronomen
la **pronunciación** **8A**, 4 die Aussprache
pronunciar **8A**, 4 aussprechen
la **propaganda** **M2**, 8 die Propaganda
una **propuesta** **4A**, 6 ein Vorschlag
la **provincia** **5B**, 8 die Provinz
una frontera **provincial** **7B**, 11 eine Provinzgrenze
un **proyecto** **5A**, 12 ein Projekt